深部岩土力学与地下工程国家重点实验室
中国矿业大学(北京)公共危机管理与决策实验室　研究成果

高等教育应急管理系列教材

总主编　范中启

公共危机管理教学案例

主　　编　谢起慧

编写人员　陈　缓　郭思维　武宏宇　席鹏莹
　　　　　谢　珣　薛雅楠　张春春　赵卓君

应急管理出版社

·北　京·

内 容 提 要

本教材选用24个教学案例介绍公共危机管理的相关知识点。第一章采用6个案例介绍了公共危机管理的基础理论。第二至五章采用9个案例介绍了危机发生前的风险管理、应急准备与危机预警、危机发生时的应急响应与危机决策、危机发生后的恢复管理。第六至八章采用9个案例介绍了危机参与和救灾捐赠、危机协调合作、危机沟通管理等知识。本教材的每个教学案例均由案例描述、案例应用与课堂习题三部分构成。

本教材适合作为高等学校应急管理专业、行政管理专业与公共管理专业的教学用书，也可供从事应急管理、公共危机管理相关领域研究的工作人员参考使用。

序

德国著名社会学家乌尔里希·贝克（Ulrich Beck）指出，人类已经进入一个风险社会，在风险社会中，不明的和无法预料的后果成为历史和社会的主宰力量。2020年初，一场突如其来的新冠肺炎疫情对世界产生了重大影响。据美国约翰斯·霍普金斯大学统计数据显示，截至2021年10月底，全球累计确诊新冠肺炎病例超2.47亿例，全球新冠肺炎死亡病例超过500万例，而且全球疫情下降的拐点还没有出现。在全球性风险社会背景下，突发事件应急管理成为一种新常态。

应急管理是国家治理体系和治理能力的重要组成部分，加强应急管理体系和能力建设、有效应对风险挑战是推进国家治理体系和治理能力现代化的内在要求。党的十九大报告对应急管理作出重要战略部署并明确提出，要坚持总体国家安全观，构建满足人民美好生活需要的公共安全体系；十九届四中全会提出，要健全公共安全体制机制，优化国家应急管理能力体系建设；十九届五中全会进一步提出，要不断健全重大风险防范化解体制机制，显著增强突发公共事件应急能力。

从实践来看，2003年“非典”疫情对我国公共卫生体系造成了巨大冲击，成为我国应急管理的重大转折点，在这之后以“一案三制”为核心的应急管理体系逐步建立起来。2018年4月应急管理部的组建，实现了应急管理从综合协调体制向统一指挥、权责一致、权威高效体制转变，从多部门协同应对向更加专业化、职业化管理转变，从临时性指挥机构向常设制、常态化治理组织转变，从侧重应急处置向危机管理全过程转变，新时代中国应急管理体系得到逐步完善。2020年初暴发的新冠肺炎疫情是新中国成立以来我国遭遇的传播速度最快、感染范围最广、防控难度最大的重大突发公共卫生事件。以习近平同志为核心的党中央统揽全局、果断决策、科学防控，取得了疫情防控阻击战的重大战略成果，统筹推进疫情防控和经济社会发展取得显著成效，向世界重大突发公共卫生事件应急管理贡献了“中国智慧”和“中国方案”。

为了适应形势发展的需求，更好地开展高等学校应急管理的教学科研工作，中国矿业大学（北京）公共危机管理与决策实验室整合学校“安全科学与工程”国家一流学科的优势办学资源，联合中国矿业大学、华北科技学院等学校的优秀学者编写了这套高等教育应急管理系列教材。系列教材具有如下特色：一是体系完整，基本涵盖了应急管理专业教育的主要知识领域，能基本满足应急管理专业教学需求；二是内容较新，反映了国内外应急管理研究领域的最新成果，为该领域的教育者、学生、实践工作者提供最新信息和资料；三是应用性强，兼顾管理和技术两个维度，理论与实践相结合，偏重应用性。

教材编写是一项艰巨的系统工程。应急管理学科是一门正在快速发展的学科，其包含的知识面广、知识点多，涉及的问题复杂。在编写过程中，我们遵循了系统、全面、科学的原则，力求使系列教材涵盖应急管理专业教育的基本理论、基本方法、主要内容。但由于理论演进需要一个过程，同时应急管理领域还有很多问题需要进一步深入研究和探讨，也受制于编者的精力和能力，因此系列教材难免存在一些不足和缺陷，希望读者提出宝贵意见和建议。

这套高等教育应急管理系列教材是中国矿业大学（北京）公共危机管理与决策实验室的研究成果，也是校企合作、科教融合协同育人的最新成果。感谢中国矿业大学（北京）深部岩土力学与地下工程国家重点实验室何满潮院士团队、威讯柏睿数据科技（北京）有限公司给予的支持；感谢参与系列教材编写的专家和学者，他们认真负责、严谨务实的态度深深感动了我；也感谢应急管理出版社为系列教材的出版付出的大量心血。

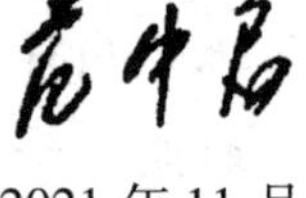

2021 年 11 月

于中国矿业大学（北京）

前　　言

“公共危机管理”是公共部门管理体系的重要组成部分，也是我国政府面临的重大挑战。“公共危机管理”课程是公共管理、行政管理、应急管理等专业本科生、研究生的必修课。通过本课程的学习，可以让学生了解当前转型期社会发展背景下我国面临的危机形态，理解公共危机管理的理论基础和运行机制。在“公共危机管理”课程教学中，案例教学法是重要的教学手段，目前所出版的危机案例教材，大多是针对干部培训、MPA研究生的，针对本科生的很少。本书主要针对本科生，兼顾学术型研究生，将教学案例融入“公共危机管理”课程体系的若干知识点中。教材选取了24个案例，体现在8章内容中，每个案例不仅做了详细描述，更是选择案例有特色的视角，结合案例对课程知识点进行讲解。

案例应用部分具体分析如何将案例使用到公共危机管理的知识点中。案例描述部分的内容引用了一些学术文献和学术观点阐述问题，将该知识点的学术前沿介绍给学生，培养学生的科研思维和能力。

本书使用课堂习题而不是课后习题的主要原因是，书中列出的习题除了可以用在课后的总结和复习中，编者更建议将习题用在启发式教学中，也就是课堂教学中，通过案例描述提出问题，让学生以小组为单位进行讨论后发表意见，然后进入案例应用部分的学习。学生对照案例应用，检查自己讨论的答案是否正确。

本书共有8章内容。第一章第一节由武宏宇编写，第二节、第四节由薛雅楠编写，第三节由武宏宇、赵卓君编写，第五节由陈缓编写，第六节由谢起慧、薛雅楠编写；第二章第一节由薛雅楠编写，第二节和第三节由陈缓编写；第三章由武宏宇、赵卓君编写；第四章由谢起慧、谢珣编写；第五章第一节由谢珣编写，第二节由郭思维编写；第六章第一节、第三节和第四节由席鹏莹编写，第二节由郭思维编写；第七章由谢起慧、席鹏莹编写；第八章第一节由郭思维编写，第二节由武宏宇编写。谢起慧、张春春进行案例的选定。谢起慧负责全书的修改审定及案例应用部分的写作。

希望本书的出版，能够丰富应急管理专业、行政管理专业与公共危机管理专业等的案例教学资料，推动案例教学法的实践进程；同时也希望本书能够为培养更多的应急管理人才助力，为“十四五”期间我国应急管理体系和应急管理能力现代化建设贡献一份力量。

编　者

2022 年 5 月

目　录

第一章
公共危机管理概述

第一节 公共危机的定义

一、案例描述：2015 年天津港“8·12”瑞海公司危险品仓库特别重大火灾爆炸事故①

（一）事故发生背景

1. 事发地点

天津港也称天津新港，位于天津市海河入海口，处于京津冀城市群和环渤海经济圈交汇点，是我国北方最大的综合性港口和重要的对外贸易口岸。天津港是在淤泥质浅滩上挖海建港、吹填造陆建成的世界航道等级最高的人工深水港。天津港主航道水深已达 21 m，可满足 30 万 t 级原油船舶和国际上最先进的集装箱船进出港。2003 年 11 月 15 日，根据国务院办公厅《转发交通部等部门关于深化中央直属和双重领导港口管理体制改革意见的通知》，经天津市委批准，天津港务局实行政企分开，行政职能转交天津市交通委员会，天津港务局转制为天津港（集团）有限公司。2004 年 6 月 3 日，天津港（集团）有限公司正式挂牌成立。2013 年，天津港货物吞吐量首次突破 5 亿 t，集装箱吞吐量突破 1300 万标准箱，成为我国北方第一个 5 亿 t 港口。

事发地点位于天津市滨海新区吉运二道 95 号的瑞海公司危险品仓库（北纬 39°02′22.98″，东经 117°44′11.64″）运抵区（“待申报装船出口货物运抵区”的简称，属于海关监管场所，用金属栅栏与外界隔离。由经营企业申请设立，海关批准，主要用于出口集装箱货物的运抵和报关监管）。瑞海公司地理方位如图 1－1 所示，事故中心区航拍图如图 1－2 所示。

2. 事故企业

天津东疆保税港区瑞海国际物流有限公司成立于 2012 年 11 月 28 日，为民营企业。

① 根据中国政府网．天津港“8·12”瑞海公司危险品仓库特别重大火灾爆炸事故调查报告［EB/OL］．(2016－02－05)［2021－07－30］．http：//www.gov.cn/foot/2016－02/05/content_5039788.htm；《中华人民共和国年鉴》编辑委员会．米春改 中文版主编，秦小玮 英文版主编．中华人民共和国年鉴（2014）［M］．北京：中华人民共和国年鉴社，2014．等资料编写。

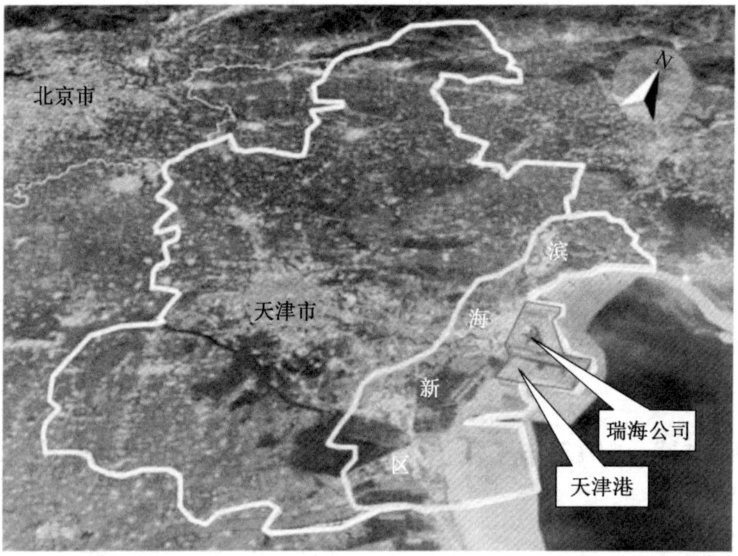

图1－1　瑞海公司地理方位示意图

图1－2　事故中心区航拍图

该公司以经营危险化学品集装箱拆箱、装箱、中转运输、货物申报、运抵配送及仓储服务等业务为主，是天津口岸危险化学品货物集装箱业务的大型中转、集散中心，也是天津海事局指定的危险货物监装场站和天津交委港口危险货物作业许可单位。年货运吞吐量100万t，年营业收入在3000万元以上。瑞海公司平面图如图1－3所示。

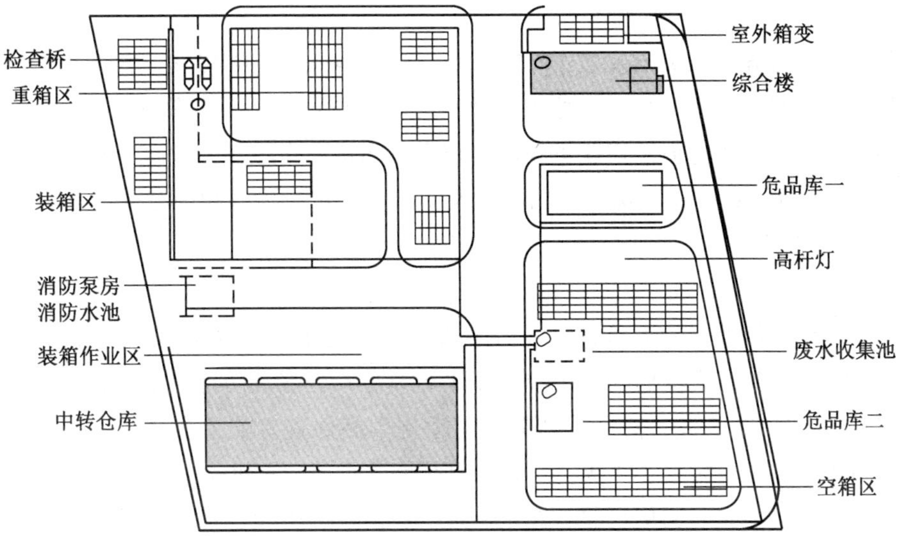

图1-3　瑞海公司平面图

（二）事故发生过程

1. 事故的爆发

2015年8月12日22时51分46秒，瑞海公司危险品仓库最先起火。瑞海公司危险品仓库运抵区南侧集装箱内硝化棉局部自燃后，引起周围硝化棉燃烧，放出大量气体，箱内温度、压力升高，致使集装箱破损，大量硝化棉散落到箱外，形成大面积燃烧，其他集装箱（罐）内的精萘、硫化钠、糠醇、三氯氢硅、一甲基三氯硅烷、甲酸等多种危险化学品相继被引燃并介入燃烧，火焰蔓延到邻近的硝酸铵（硝酸铵在常温下稳定，但在高温、高压和有还原剂存在的情况下会发生爆炸；在110 ℃开始分解，230 ℃以上时分解加速，400 ℃以上时剧烈分解、发生爆炸）集装箱。随着温度持续升高，硝酸铵分解速度不断加快，达到其爆炸温度（实验证明，硝化棉燃烧半小时后温度达到1000 ℃以上，大大超过硝酸铵的分解温度）。

23时34分6秒，发生了第一次爆炸。距第一次爆炸点西北方向约20 m处，有多个装有硝酸铵、硝酸钾、硝酸钙、甲醇钠、金属镁、金属钙、硅钙、硫化钠等氧化剂、易燃固体和腐蚀品的集装箱。受到南侧集装箱火焰蔓延作用以及第一次爆炸冲击波影响，23时34分37秒，在大批消防员已经进入爆炸核心区进行救援的情况下，发生了第二次更剧烈的爆炸。

据爆炸和地震专家分析，在大火持续燃烧和两次剧烈爆炸的作用下，现场危险化学品爆炸的次数可能是多次，但造成现实危害后果的主要是两次大的爆炸。经爆炸科学与技术国家重点实验室模拟计算，第一次爆炸的能量约为15 t TNT当量，第二次爆炸的能量约为

430 t TNT 当量。考虑期间还发生多次小规模爆炸，确定此次事故中爆炸总能量约为 450 t TNT 当量。

事故现场形成 6 处大火点及数十个小火点，8 月 14 日 16 时 40 分，现场明火被扑灭。

事故现场按受损程度，分为事故中心区和爆炸冲击波波及区。事故中心区为此次事故中受损最严重区域，该区域东至跃进路、西至海滨高速、南至顺安仓储有限公司、北至吉运三道，面积约为 54 万 m^2。爆炸冲击波波及区分为严重受损区和中度受损区。

2. 事故的处置

1）现场救援

共动员现场救援处置的人员达 1.6 万多人，动用装备、车辆 2000 多台，其中解放军 2207 人，339 台装备；武警部队 2368 人，181 台装备；公安消防部队 1728 人，195 部消防车；公安其他警种 2307 人；安全监管部门危险化学品处置专业人员 243 人；天津市和其他省区市防爆、防化、防疫、灭火、医疗、环保等方面专家 938 人，以及其他方面的救援力量和装备。公安部先后调集河北、北京、辽宁、山东、山西、江苏、湖北、上海 8 省市公安消防部队的化工抢险、核生化侦检等专业人员和特种设备参与救援处置。公安消防部队会同解放军、武警部队等组成多个搜救小组，反复侦检、深入搜救，针对现场存放的各类危险化学品的不同理化性质，利用泡沫、干沙、干粉进行分类防控灭火。

2）成立工作组

2015 年 8 月 13 日凌晨 1 时左右，事故调查组在天津港大楼前广场应急指挥车上正式宣布成立总指挥部，地点设在区政府指挥中心。指挥部下设 5 个工作组，分别是事故现场处置组、伤员救治组、保障维稳群众工作组、信息发布组和事故原因调查组，全方位开展救援及善后处理各项工作。

2015 年 8 月 13 日凌晨至 19 日，国务委员郭声琨受党中央、国务院委托，率国务院工作组赶赴事故现场，协调指导应急处置工作。

3）多方支援

国家卫生计生委从北京等地组织血液药品等医药物资，全面进行支援准备，组织医疗专家赶赴天津协助开展医疗救援工作。

事故发生后，按照公安部消防局要求，2015 年 8 月 13 日凌晨 3 时 53 分，北京消防调派 2 架无人机，8 名官兵赶赴现场，并利用无人机绘制出 360°全景图，为现场指挥部决策提供有力依据。2015 年 8 月 13 日 3 时 40 分，应接天津军区请求支援，以北京卫戍区某防化团三营为主体的国家级陆上核生化应急救援队 200 余名官兵，抵达天津滨海新区进入瑞海公司危险化学品仓库爆炸现场展开救援。

天津港“8·12”瑞海公司危险品仓库特别重大火灾爆炸事故发生后，民众自发献血，并且当地收到不少捐款，据天津市社会团体管理局公示信息，20 天内全市社会组织接收或募集资金已逾 1.4 亿元。

3. 事故的恢复

1）成立调查组

2015 年 8 月 18 日，依据《安全生产法》《危险化学品安全管理条例》（国务院令第 591 号）和《生产安全事故报告和调查处理条例》（国务院令第 493 号）等有关法律法规，经国务院批准，成立由公安部、安全监管总局、监察部、交通运输部、环境保护部、全国总工会和天津市人民政府为成员单位组成的国务院天津港“8・12”瑞海公司危险品仓库特别重大火灾爆炸事故调查组，同时邀请最高人民检察院派员参加，并聘请爆炸、消防、刑侦、化工、环保等方面专家参与事故调查工作。

事故调查组先后调阅文字资料 600 多万字，调取监控视频 10 万小时，开展模拟实验 8 次，召开专家论证会 56 场，对 600 余名相关人员逐一调查取证，通过反复现场勘验、检测鉴定、调查取证、模拟实验、专家论证，查明了事故经过、原因、人员伤亡和直接经济损失，认定了事故性质和责任，提出了对有关责任单位和责任人员的处理建议，分析了事故暴露出的突出问题和教训，提出了加强和改进工作的意见建议。

2）搬迁重建

2016 年 2 月 14 日，天津港“8・12”瑞海公司危险品仓库特别重大火灾爆炸事故的后续重化工项目搬迁事宜正在稳步进行中，已有多家企业制定搬迁方案，搬往滨海新区南部规划的南港工业区内，实现集中布局发展。

根据当地安监局统计，事故发生后，全区共有 583 家危化企业纳入排查范围。其中列入“红表”需制定取缔、关闭、转产、搬迁方案的企业有 85 家，其中 9 家已整改完毕，10 家制定了搬迁方案，另外 66 家也已签字确认制定相关方案。新区还将进一步调整全区化工产业布局，初步考虑今后只允许南港工业区新增化工项目，临港经济区化工产业填平补齐不再扩大规模，大港石化产业园区及其他功能区、街镇不再新增危险化学品生产、储存项目，实现全区危险化学品生产、储存企业向南港工业区集中。南港工业区位于天津滨海新区南部，毗邻渤海湾，与大港油田相距不远，定位于建设世界级重化产业基地和港口综合功能区。

（三）事故原因分析

该事故造成 165 人遇难（其中参与救援处置的公安消防人员 110 人，事故企业、周边企业员工和周边居民 55 人）、8 人失踪（其中天津港消防人员 5 人，周边企业员工、天津港消防人员家属 3 人），798 人受伤；304 幢建筑物、12428 辆商品汽车、7533 个集装箱受损。截至 2015 年 12 月 10 日，已核定直接经济损失 68.66 亿元，是一起特别重大的生产安全责任事故。

1. 认定起火原因

硝化棉（C12H16N4O18）为白色或微黄色棉絮状物，易燃且具有爆炸性，化学稳定性较差，常温下能缓慢分解并放热，超过 40 ℃时会加速分解，放出的热量如不能及时散失，会造成硝化棉温升加剧，达到 180 ℃时能发生自燃。硝化棉通常加乙醇或水作湿润剂，一旦湿润剂散失，极易引发火灾。

实验表明，去除湿润剂的干硝化棉在 40 ℃时发生放热反应，达到 174 ℃时发生剧烈失控反应及质量损失，自燃并释放大量热量。如果在绝热条件下进行实验，去除湿润剂的硝化棉在 35 ℃时即发生放热反应，达到 150 ℃时即发生剧烈的分解燃烧。

经对向瑞海公司供应硝化棉的河北三木纤维素有限公司、衡水新东方化工有限公司调查，企业采取的工艺为：先制成硝化棉水棉（含水 30%）作为半成品库存，再根据客户需要，将湿润剂改为乙醇，制成硝化棉酒棉，之后采用人工包装方式，将硝化棉装入塑料袋内，塑料袋不采用热塑封口，用包装绳扎口后装入纸筒内。据瑞海公司员工反映，在装卸作业中存在野蛮操作问题，在硝化棉装箱过程中曾出现包装破损、硝化棉散落的情况。

对样品硝化棉酒棉湿润剂挥发性进行的分析测试表明：如果包装密封性不好，在一定温度下湿润剂会挥发散失，且随着温度升高而加快；如果包装破损，在 50 ℃下 2 小时乙醇湿润剂会全部挥发散失。

事发当天最高气温达 36 ℃，实验证实，在气温为 35 ℃时集装箱内温度可达 65 ℃以上。

以上几种因素耦合作用引起硝化棉湿润剂散失，出现局部干燥，在高温环境作用下，加速分解反应，产生大量热量，由于集装箱散热条件差，致使热量不断积聚，硝化棉温度持续升高，达到其自燃温度，发生自燃。

2. 爆炸过程分析

集装箱内硝化棉局部自燃后，引起周围硝化棉燃烧，放出大量气体，箱内温度、压力升高，致使集装箱破损，大量硝化棉散落到箱外，形成大面积燃烧，其他集装箱（罐）内的精萘、硫化钠、糠醇、三氯氢硅、一甲基三氯硅烷、甲酸等多种危险化学品相继被引燃并介入燃烧，火焰蔓延到邻近的硝酸铵（硝酸铵在常温下稳定，但在高温、高压和有还原剂存在的情况下会发生爆炸；在 110 ℃开始分解，230 ℃以上时分解加速，400 ℃以上时剧烈分解、发生爆炸）集装箱。随着温度持续升高，硝酸铵分解速度不断加快，达到其爆炸温度（实验证明，硝化棉燃烧半小时后温度达到 1000 ℃以上，大大超过硝酸铵的分解温度）。

23 时 34 分 6 秒，发生了第一次爆炸。距第一次爆炸点西北方向约 20 m 处，有多个装有硝酸铵、硝酸钾、硝酸钙、甲醇钠、金属镁、金属钙、硅钙、硫化钠等氧化剂、易燃固体和腐蚀品的集装箱。受到南侧集装箱火焰蔓延作用以及第一次爆炸冲击波影响，23 时 34 分 37 秒发生了第二次更剧烈的爆炸。

据爆炸和地震专家分析，在大火持续燃烧和两次剧烈爆炸的作用下，现场危险化学品爆炸的次数可能是多次，但造成现实危害后果的主要是两次大的爆炸。经爆炸科学与技术国家重点实验室模拟计算，第一次爆炸的能量约为 15 t TNT 当量，第二次爆炸的能量约为 430 t TNT 当量。考虑期间还发生多次小规模的爆炸，确定此次事故中爆炸总能量约为 450 t TNT 当量。

最终认定事故直接原因是：瑞海公司危险品仓库运抵区南侧集装箱内的硝化棉由于湿润剂散失出现局部干燥，在高温（天气）等因素的作用下加速分解放热，积热自燃，引起相邻集装箱内的硝化棉和其他危险化学品长时间大面积燃烧，导致堆放于运抵区的硝酸铵等危险化学品发生爆炸。

3. 事故企业和有关地方政府及部门的主要问题

调查组认定，瑞海公司违法违规经营和储存危险货物，安全管理极其混乱，未履行安全生产主体责任，致使大量安全隐患长期存在。严重违反天津市城市总体规划和滨海新区控制性详细规划，未批先建、边建边经营危险货物堆场。无证违法经营，以不正当手段获得经营危险货物批复；违规存放硝酸铵，严重超负荷经营、超量存储，违规混存、超高堆码危险货物；违规开展拆箱、搬运、装卸等作业，未按要求进行重大危险源登记备案；安全生产教育培训严重缺失，未按规定制定应急预案并组织演练。

调查组同时认定，事故还暴露出有关地方政府和部门存在有法不依、执法不严、监管不力等问题。天津市交通运输委员会（原天津市交通运输和港口管理局）滥用职权，违法违规实施行政许可和项目审批；玩忽职守，日常监管严重缺失。天津港（集团）有限公司在履行监督管理职责方面玩忽职守，个别部门和单位弄虚作假、违规审批，对港区危险品仓库监管缺失。天津海关系统违法违规审批许可，玩忽职守，未按规定开展日常监管。天津市安全监管部门玩忽职守，未按规定对瑞海公司开展日常监督管理和执法检查，也未对安全评价机构进行日常监管。天津市规划和国土资源管理部门玩忽职守，在行政许可中存在多处违法违规行为。天津市市场和质量监督部门对瑞海公司日常监管缺失。天津海事部门培训考核不规范，玩忽职守，未按规定对危险货物集装箱现场开箱检查进行日常监管。天津市公安部门未认真贯彻落实有关法律法规，未按规定开展消防监督指导检查。天津市滨海新区环境保护局未按规定审核项目，未按职责开展环境保护日常执法监管。天津市滨海新区行政审批局未严格执行项目竣工验收规定。天津市委、天津市人民政府和滨海新区党委、政府未全面贯彻落实有关法律法规，对有关部门和单位安全生产工作存在的问题失察失管。交通运输部未认真开展港口危险货物安全管理督促检查，对天津交通运输系统工作指导不到位。海关总署未认真组织落实海关监管场所规章制度，督促指导天津海关工作不到位。

二、案例应用：解释公共危机的定义

随着全球化、信息化与城市化进程的不断演进，世界各国公共危机频繁发生，给社会公众的生命、健康与财产安全造成了严重威胁，已成为悬在人类头上的达摩克利斯之剑。

作为危机管理问题研究的逻辑起点，我们必须对“危机”的概念进行探索。荷兰著名学者罗森塔尔认为，危机是指“一个系统的基本结构或基本价值和规范所受到的严重威胁。由于受到时间压力和处于高度不确定状态，这种威胁要求人们作出关键性的决策”。这个定义被我国学者所接受并大量引用，它揭示了危机的基本内涵，即危机是一种情境，在这种情境之下，某个系统的整体受到根本性挑战，决策者必须在压力下作出至关重要的决断①。

因此，“公共危机”的定义应该从两个方面去理解。一是高度不确定的情境：和公共利益密切相关的严重威胁发生，通常由灾害或巨灾引发，对危机社会系统的核心价值和运行功能提出严峻挑战。二是决策需求：要求危机管理者在巨大的时间压力和心理压力下，在短时间内作出尽可能正确的决策。我国学者之所以使用公共危机的概念，主要是从研究上强调其与国际危机、企业危机的区别，即突出公共性。下面从高度不确定的情境和决策需求两方面分析天津港“8·12”瑞海公司危险品仓库特别重大火灾爆炸事故为何是一个公共危机事件。

（一）高度不确定情境

此次爆炸事故造成的与公共利益密切相关的高度不确定性情境有以下几点：

首先，对民众生命财产安全造成极端严峻威胁。在大火持续燃烧和两次剧烈爆炸的作用下，现场危险化学品爆炸的次数可能是多次，但造成现实危害后果的主要是两次大的爆炸。从案例描述中得知，此次事故中爆炸总能量约为450 t TNT 当量。人民群众的生命健康和财产安全受到极大威胁。

其次，引发灾后民众心理援助问题、赔偿问题等。灾后要特别警惕幸存者在短时间之内的心理状态，天津滨海新区受灾企业职工、消防官兵、遇难者家属等高危人群如若缺少科学的危机干预和心理援助，极易造成创伤后应激障碍等心理创伤。对于商业保险机构、财产受损单位、无辜受害企业、爆炸区域周边居民及政府，该事故造成的直接损失将达到百亿元，间接损失则涉及由谁作科学合理的逐项评估。如果损失评估者的资质和评估意见得不到财产受损单位尤其是周边数千居住户的认同，除了赔偿额的争执之外，还会进一步演变成社会稳定问题。

最后，对公共利益造成威胁的不确定性很高。对爆炸现场的信息掌握不完备且事态演变迅速，次生或衍生威胁难料，在事发仓库内存有大量危化品，对危化品的实际情况不明晰会耽误救援进展，并且威胁救援人员生命安全。

（二）决策需求

1. 现场救援

共动员现场救援处置的人员达1.6万多人，动用装备、车辆2000多台，其中解放军2207人，339台装备；武警部队2368人，181台装备；公安消防部队1728人，195部消防车；公安其他警种2307人；安全监管部门危险化学品处置专业人员243人；天津市和其他省区市防爆、防化、防疫、灭火、医疗、环保等方面专家938人，以及其他方面的救援力量和装备。

2. 环境监控

---

① 王宏伟．公共危机管理概论［M］．北京：中国人民大学出版社，2016：2－6.

事故发生后，天津市环保部门启动环境应急监测，已布设环境空气监测点位 17 个，水和废水监测点位 5 个。

3. 防化处理

针对氰化物，事故现场指挥部成立了专门处置小组，按照“前面堵、后面封、中间来处理”的原则，紧急采取设置围堰、危险废物集中处置等五项措施，确保事故区域污染不外泄。

4. 成立调查组

2015 年 8 月 18 日，依据《安全生产法》《危险化学品安全管理条例》(国务院令第 591 号）和《生产安全事故报告和调查处理条例》(国务院令第 493 号）有关规定，国务院天津港“8・12”瑞海公司危险品仓库特别重大火灾爆炸事故调查组已成立并全面开展调查工作。

5. 新闻发布会

自事故发生后到 2015 年 8 月 19 日，天津市政府共组织召开 10 场新闻发布会。

6. 救治补助

2015 年 8 月 15 日，出台受伤致残人员救治补助标准，9 月 17 日针对天津港“8・12”瑞海公司危险品仓库特别重大火灾爆炸事故住院人员开展的伤残鉴定工作已经启动，因事故入院治疗已出院的人员可申报鉴定，并可获得相应补助。

7. 保险理赔

2017 年 9 月，天津保监局和天津市保险行业协会发布《2016 天津保险业社会责任报告》。报告显示，截至 2016 年末，天津港“8・12”瑞海公司危险品仓库特别重大火灾爆炸事故中各保险公司共处理保险赔案 6000 多件，已赔付 81 亿元，预计赔付将超过 100 亿元。

8. 事故调查与追责

事故调查报告对该事故进行了评价。总的来看在党中央、国务院坚强领导下，国务院工作组团结带领各有关方面，勇挑重担、迎难而上、连续奋战，现场处置工作有力有序有效，没有发生次生事故灾害，没有发生新的人员伤亡，没有引发重大社会不稳定事件。爆炸发生前，天津港公安局消防支队及天津市公安消防总队初期响应和人员出动迅速，指挥员、战斗员及时采取措施冷却控制火势、疏散在场群众；爆炸发生后，面对复杂的危险化学品事故现场，天津市委、市政府快速反应、果断决策，迅速协调组织各方面力量科学施救、稳妥处置，全力做好人员搜救、伤员救治、隐患排查、环境监测、现场清理、善后安抚等工作。但是，事故救援处置过程中也存在不少问题：天津市政府应对如此严重复杂的危险化学品火灾爆炸事故思想准备、工作准备、能力准备明显不足；事故发生后在信息公开、舆论应对等方面不够及时有效，造成一些负面影响；消防力量对事故企业存储的危险化学品底数不清、情况不明，致使先期处置的一些措施针对性、有效性不强。

此外，该案例还进行了追责，49 人获刑，25 名职务犯罪被告人中，原职级为正局级 2 名、副局级 6 名、正处级 10 名、副处级 7 名。

9. 现有管理体制的改变

从案例可知决策者还需思考现有管理体制的漏洞。在此次事故的调查报告中，也提出了 10 个管理体制的改进方案：坚持安全第一的方针，切实把安全生产工作摆在更加突出的位置；推动生产经营单位落实安全生产主体责任，任何企业均不得违法违规变更经营资质；进一步理顺港口安全管理体制，明确相关部门安全监管职责；完善规章制度，着力提高危险化学品安全监管法治化水平；建立健全危险化学品安全监管体制机制，完善法律法规和标准体系；建立全国统一的危险化学品监管信息平台，加强危险化学品监控监管；严格执行城市总体规划，严格安全准入条件；大力加强应急救援力量建设和特殊器材装备配备，提升生产安全事故应急处置能力；严格安全评价、环境影响评价等中介机构的监管，规范其从业行为；集中开展危险化学品安全专项整治行动，消除各类安全隐患。

10. 其他决策

案例中，可能还需要危机管理者在时间压力和心理压力下作出其他决策。

三、课堂习题

1. 天津港“8 · 12”瑞海公司危险品仓库特别重大火灾爆炸事故为什么是一个公共危机事件?

2. 爆炸造成了何种高度不确定的情境?

3. 爆炸需要公共危机管理者作出哪些决策?

第二节　致灾因子的概念

一、案例描述：2011 年“3 · 11”日本大地震①

(一) 事件发生背景

日本位于亚欧大陆东部、太平洋西北部，陆地面积约 37.8 万 km^2，包括北海道、本州、四国、九州 4 个大岛和 6800 多个小岛屿，被称为“千岛之国”。日本位于亚欧板块和太平洋板块的消亡边界，即环太平洋火山地震带，环太平洋火山地震带是全世界地震、火山爆发最频繁也最密集的地震带。据统计，全球有 1/10 的火山位于日本，1/5 的地震发生在日本，如 1995 年阪神大地震、2004 年新潟县中越地震都是大地震的典型代表。在此次特大地震发生前两天，也就是 3 月 9 日，在距离 3 月 11 日大地震震中约 40 km 的地方还发

① 根据内阁府．平成 30 年版防災白書（付属資料 1）[EB/OL]．(2018 - 12 - 10) [2021 - 07 - 30]．http://www.bousai.go.jp/kaigirep/hakusho/pdf/H30_fuzokusiryo1.pdf；内阁府．緊対本部情報【176 報】[EB/OL]．(2021 - 03 - 10) [2021 - 07 - 30]．http://www.bousai.go.jp/2011daishinsai/pdf/torimatome20210310.pdf．等资料编写。

生了7.4级地震，并在同一天连续发生了另外3次大于6级的地震，或为此次地震的“前震”。

（二）事件发生过程

1. 事件的爆发

2011年3月11日14时46分，日本东北部太平洋海域（日本称此处为“三陆冲”）发生9.0级大地震，为1900年以来世界第四大9级地震，也是日本历史上最严重的地震①。震中位于日本宫城县首府仙台市以东的太平洋海域，距仙台约130 km，震源深度24 km，地震引发了日本有史以来最大的海啸，最大爬高40.1 m，对日本东北部岩手县、宫城县、福岛县等地造成了毁灭性破坏，对日本东北部沿海地区的基础设施和工业造成了巨大的破坏，导致大规模地方机能瘫痪和经济活动停止。地震及其引发的海啸还进一步引发了福岛第一核电站核泄漏，释放大量核辐射。根据日本内阁府的数据，截至2018年3月5日，东日本大地震造成19630人遇难，2569人下落不明。根据日本和美国研究机构多数学者的平均估算，这次灾害的损失总额约达16万亿日元（约折合2000亿美元）②。

1）原生致灾因子：地震

主震发生在2011年3月11日日本标准时间14时46分，位于仙台市以东的太平洋海域约130 km处发生地震，后续余震不断。作为原生致灾因子，地震最直接的影响是引起了地质灾害，主要包括土壤液化、地面沉降、地面开裂、塌方等，使得日本东部太平洋沿岸地区的房屋损失严重，尤其是宫城县、福岛县、岩手县三地。

2）连带致灾因子：海啸

地震发生后3分钟，日本气象厅发布海啸警报，在地震发生后30多分钟，巨大的海啸以摧枯拉朽之势袭来。此次地震所引发的连带致灾因子海啸被认为是日本有观测史以来最大规模的海啸，对民众的生命财产安全产生巨大威胁并造成了大面积破坏（引发火灾，对城市的生命线系统造成破坏，造成福岛第一核电站泄漏等）。

首先，地震与海啸导致的火灾主要波及日本东北及关东地区，包括地震本身引发的火灾、海啸火灾以及二者引发的山林火灾等，其中海啸火灾占总体火灾的一半。引火物包括地震及海啸摧毁的房屋电路（漏电及短路）、冲走的储油罐及储气罐（船舶燃料重油）、损坏的汽车（汽车电气系统及燃料）、金属物相互撞击产生的火花等③。掺杂着可燃物质的海水向四面八方席卷而去，导致灭火工作非常困难。

其次，地震及其相关灾害叠加成链，导致关乎城市居民生活、健康与福利的城市生命线系统大面积瘫痪。在供电方面，地震使得日本东北及关东地区很多能源设施遭到不同程

① 顾林生，杨大千．“3·11”东日本大地震灾害调查评估报告［J］．中国减灾，2021（23）：34－39.

② 张季风．东日本大地震对日本经济与世界经济的影响［J］．中国社会科学院研究生院学报，2011（4）：123－131.

③ 郭瑞璜，山田常圭，广井悠．东日本大地震火灾概况及海啸火灾的研究［J］．消防技术与产品信息，2013（6）：98－100，7.

度的破坏，保守估计有6%左右的电力供给处于瘫痪状态。日本实施轮流停电计划以进行电力调整和恢复，但在电力中断期间，正常的生产生活秩序被打乱，如国内产业供应链断裂，由于日本处于全球产业链条的高端，因此对世界产业链的冲击不小，并对日本国内外经济产生了负面影响①。在交通方面，受海啸、地震影响，日本东北地区、关东地区北部的道路、桥梁、铁路、港口、机场受到不同程度损坏，交通网受到严重影响。在灾害袭来初期，有大量民众滞留在外，直至交通恢复。为了更好地进行救援，很多道路被禁止通行，直至3月24日一般车辆的通行限制才被全部解除，铁路多数于地震发生后一周内恢复通车，国内航班于7月25日重开，国际航班于9月25日起降重启。在运输方面，不少配送中心在地震中被损毁，一度暂停快速配件及货物运输等服务，受灾地区的必要物资通过巡逻艇、渔船等进行运输。在供水方面，地震过后，17个道县内至少有140万户停水，宫城县、福岛县、岩手县相对也更为严重，各地的水供应商代表日本水道协会向全国紧急派遣应急输水车，9月30日供水才基本恢复。在能源方面，炼油厂为交通、供电、通信、燃气提供必要的燃料，在这次灾害中，不少工厂和炼油厂因海啸或地震停产，如位于千叶县市原市的科斯莫石油公司千叶炼油厂因地震导致厂区内数个储油罐爆炸引发大火，随后因波及其他设备再度发生爆炸，还影响到了附近的贫铀储存设施。在通信方面，由于地震及其相关灾害，亚洲的各个通信公司、网络与电话使用的许多海缆受到损伤，且停电导致基站无法使用，自发电设备又存在燃料耗尽问题，只能凭借移动发电车和可搬运型发电机继续使基站运行。固定和移动电话、防灾无线、卫星通信等移动通信网络在地震中遭受重创。

最后，海啸还导致了福岛第一核电站的核泄漏事故，核泄漏作为二次致灾因子，也带来了许多负面影响，使得此次灾难的严重程度大大加深。

3）二次致灾因子：福岛第一核电站泄漏

地震造成的福岛第一核电站泄漏事故，加重了这次灾难的复杂性，为后续恢复工作带来了很大麻烦。福岛第一核电站泄漏事故的负面影响主要表现在辐射尘飘散、食品污染、打击核能安全信心、抢购防辐射物资、外交风波等方面。

（1）辐射尘飘散。专家指出，福岛第一核电站泄漏的放射性污染物为铯134、铯137和碘131②。随着时间的流逝，辐射情况在逐渐改善，但对附近区域的环境、动植物等造成的长期影响难以估计。

（2）食品污染。2011年3月23日，茨城县的牛奶、番芫茜以及福岛县的11种蔬菜，被检验出辐射超出安全水平，首相菅直人呼吁民众暂停食用相关地区蔬菜，同时限制相关地区食品输出。7月18日，日本超市所售卖的菠菜、茶叶、牛奶和鱼类又被验出辐射超出安全水平。8月21日，日本茨城县鉾田市的糙米被验出含放射性物质铯。12月6日，日

① 李薇．日本发展报告（2012）［M］．北京：社会科学文献出版社，2012：243.

② 张锐．福岛核危机的恐慌与反思［J］．对外经贸实务，2011（5）：21－24.

本明治乳业婴儿奶粉同样被验出含放射性物质铯[1]。

福岛第一核电站泄漏事故发生后，日本东北的农产品和海鲜严重滞销，不仅本国民众不敢购买，其他很多国家和地区也对日本农产品和加工食品采取了限制进口的措施。

（3）打击核能安全信心。日本经济产业省根据日本原子力安全保安院的估算结果，将福岛第一核电站核泄漏事故等级评定为7级，成为继苏联切尔诺贝利核事故后最严重的核事故。极大地打击了各国尤其是日本对于核能的信心，使得各国对于能源结构的调整优化变得更加谨慎和严格。

（4）抢购防辐射物资。很多国家出现公众恐慌及抢购防辐射物资的不理智行为，如中国、美国、韩国等。

在中国，3月17日，因谣言“碘盐能够防辐射”的影响，中国多个地区出现了公众抢购碘盐情况。国家发展改革委发出紧急通知，要求各地立即展开市场检查，打击造谣惑众、哄抬食盐价格等违法行为。国家核应急协调委员会及有关部门表明该剂量对环境和公众健康不会产生影响，无须采取任何防护措施。

美国西海岸各州居民出现抢购防毒面具、碘化钾药片、盖格计数器等产品的风潮，认为服用碘片（碘化钾）可以帮助人体不吸入放射性碘，而盖格计数器可以用来量度放射性物质。并且出现了以25~46倍价格兜售碘化钾药片的情况。

距离日本很近的韩国也出现了碘片、口罩、紫菜、海带抢购潮，甚至在产品短缺情况下，有民众通过网络从海外订购含碘药品。

（5）外交风波。日本政府于2021年4月宣布将日本福岛第一核电站内含低浓度辐射，共计1.15万t核废水在两年后排放至太平洋，遭到中国、韩国和俄罗斯对日本政府的强烈谴责。

2. 事件的处置

第一，政府方面。1955年以来，日本“一党优越”体制长期存在，自民党一党独大，持久执政。随着冷战结束，自民党“一党优越”风光不再。21世纪初，民主党执掌日本政权，日本的两党政治时代来临，政党间攻伐不断。在大灾害发生后，日本执政党及在野党均在打“灾害牌”，日本党际之间以及民主党内部，就福岛第一核电站泄漏事故纷纷向首相（内阁总理大臣）菅直人及民主党展开批评，出现“倒菅”风潮，菅直人处于民主党内反对派及其他在野党针对的风口浪尖[2]。灾害发生后不久，菅直人在首相办公室召集执政党和在野党领袖，请求在“救国”方面进行合作，民主党内的反对派与在野党态度软化，暂时停止政治论战，一致抗震救灾[3]。

---

① 侯长松，张奇，张震，等．日本福岛核事故经过及对周边国家的影响［J］．中华放射医学与防护杂志，2012（2）：143－146.

② 张景全．东日本大地震后的日本内政与外交［J］．领导之友，2011（7）：55－56.

③ 张苏婕．东日本大地震的灾后救助及对我国灾害救助体系的启示［J］．劳动保障世界（理论版），2013（7）：118.

11 日 14 时 46 分，负责消防和医疗急救的消防厅马上成立“消防厅灾害对策本部”。14 时 50 分，总理大臣在首相官邸对策室召集内阁府紧急集合小组会议，确定了以救助生命为主的救援原则，派出消防救援队、警察广域救援队、自卫队的灾害派遣部队、海上保安厅的救援救助部队、灾害派遣医疗队等开展救援活动，并指明需要提供切实灾害信息以辅助救援。15 时 14 分设立“紧急灾害对策本部”(国家抗灾救灾总指挥部)。15 时 37 分，地震发生不到 1 小时，中央政府的第一次紧急灾害对策本部会议召开，并用 19 分钟就作出“有关灾害应急对策的基本方针”。16 时，用 22 分钟时间又召开了第二次紧急灾害对策本部会议，对中央政府部门的行政三把手提出要求，政府内部上下联动，迅速反应，积极应对。18 时 42 分，中央政府首相向灾害损失最严重的宫城县派遣政府调查团。19 时 3 分，中央政府根据《核能灾害对策特别措施法》成立“核能灾害对策本部”，首相宣布进入“核能灾害紧急状态”。20 时，厚生劳动省宣布了适用于 39 个受灾地方政府的《灾害救助法》，辅助中央政府开始生活救助。11 日 19 时 23 分、12 日 8 时 30 分、12 日 11 时 36 分和 12 日 21 时 40 分，又分别召开第三次、四次、五次和第六次紧急灾害对策本部会议，进一步明确了对不同受灾情况的受灾群众的生命救援措施及救援队伍的应用，并明确了死亡人员遗体收容工作，加强对失去政府行政功能的灾区各级政府的支持。12 日 6 时，在宫城县设置中央政府“紧急灾害当地对策本部”。8 时 53 分和 9 时 18 分，分别向岩手县和福岛县派遣政府调查团①。之后，救援工作按部就班地开展。

在救灾过程中，11 日 16 时 54 分，总理大臣召开记者招待会，向社会公众表明灾情的严重性及政府的积极应对措施，并号召公民提高警惕，实时关注政府公布的信息以沉着应对。16 时 57 分，官房长官召开第一次记者新闻发布会，之后，官房长官每日例行召开数次记者招待会公布最新情况，政府的救灾安排向着拯救人民生命财产安全及恢复生产生活秩序的方向有序推进。直至 2012 年 5 月以后，官房长官召开的例行记者招待会中几乎没有关于东日本大地震的内容，这时东日本大地震的行动方向也逐渐转向城市机能的恢复及民众的善后工作。

第二，皇室方面。3 月 11 日地震发生后，天皇随即招来地震专家询问地震情况。3 月 12 日，天皇明仁和皇后美智子发表声明，对此次震灾中的受灾民众表示同情和慰问，同时传达对时任内阁总理大臣菅直人尽全力与有关各方在救灾和重建方面的要求。3 月 16 日，天皇向受灾者和全体国民发表电视讲话，表达了皇室对大地震对民众造成伤害的心痛与慰问之情，并对日本受灾民众在这次重大灾难中所表现出的冷静给予充分肯定。不仅如此，天皇、皇后及皇室成员还亲自多次深入灾区慰问灾民，使国民深受感动。同时因此次地震影响灾区供电，即使皇室居所不在计划停电对象之列，天皇也主动要求全部皇室成员配合政府限电措施，尽量将资源留给受灾民众。即使在 4 月 8 日电力状况明显改善后，皇室居所的停电生活也仍然持续了一段时间。另外，皇室还向灾民开放了一些皇室设施，并

① 顾林生．日本“3・11”大震的灾情特点及应急管理［J］．行政管理改革，2011（5）：33－38．

将皇家物资无偿赈济灾民。皇室的这些举动,发挥了安抚民心、振奋民众精神的重要意义。

第三，社会公众方面。社会大众在此次灾难中贡献了自己的力量。根据内阁府公布的数据，灾害志愿者中心主要设立于岩手县（27 处）、宫城县（39 处）、福岛县（38 处）三地。进行志愿活动的民众岩手县约 549400 人、宫城县约 753100 人、福岛县约 215500 人，为灾区有序恢复提供了很大助力。

第四，国际社会方面。地震发生之后，国际社会积极提供人道主义援助。截至 2011 年 10 月 17 日，共有 163 个国家、地区及 43 个机构表明了支援意图，包括一般的支援声明、人力与物资支援、捐款等。截至 2012 年 12 月 28 日，有 29 个国家、地区及机构派出救援队，64 个国家、地区及机构向日本送出了救援物资，95 个国家、地区及机构发出捐款总额约 175 亿日元。

3. 事件的恢复

由于这次灾害巨大的破坏性，注定了复兴将是一个漫长的过程，根据日本政府的计划设想，灾后重建的最终实现大约需要十年的时间①。

首先，为了有序进行灾区的复兴工作，日本政府制定了一系列法律法规，包括《东日本大震灾复兴基本法》《复兴特区法》《海啸防灾地域建设法案》等，确定了灾后复兴的理念及措施，进一步完善了面临地震海啸等相关巨大灾害时的应对策略，为经济社会的进一步富裕发展、复兴资金的确保、复兴特别区域制度的整备等提供了保障。为了更好地进行灾后恢复，日本政府不仅颁布了专用政策，还决定成立复兴厅，主要负责灾后重建计划的立项、协调和落实工作。

其次，漫长的恢复过程具体来说包括以下几个方面：

第一，民众灾后的心理恢复。

在东日本地震灾害救援过程中，日本心理临床学会及心理医师在这方面做了大量工作。调查发现，仅岩手县就有近 2 万名中小学生存在心灵创伤及忧郁现象。“心理恢复”在这次大灾害发生后又被重视起来，日本心理学临床学会与支援活动委员会联手介入灾后“心理恢复”工作，地方自治体及支援团体也积极参与，如对产生心理影响的受灾者进行走访、提供心理咨询服务、开展深入理解灾后精神压力的讲座等，帮助受灾民众走出心理困境。

第二，灾后恢复资金保障。

在 10 年灾后恢复期中，预计前 5 年为“集中重建期”，其间政府将投入 19 万亿日元，10 年共投入约 23 万亿日元。

为了切实做好复兴的财政计划，确保财源畅通，日本政府与执政党提出了临时增税方案，并且为了充分保障灾区复兴，日本政府还决定在全国的银行及证券会社等金融机构发行用于东日本大震灾复兴费用的“面向个人的复兴国债”。

---

① 俞慰刚. 东日本复合灾害的本土应对与中国借鉴 [J]. 上海城市管理，2012，21 (1)：47 - 50.

第三，核污染的消除工作。

消除核污染是整个复兴工作的重中之重，环境省宣布于2012年起对超过放射线量基准的区域进行核污染消除工作。根据《放射性物质污染处理特别措施法》，将受到核污染的区域分为“污染状况重点调查地区”(8县102市町村）和“除染特别地域”(福岛县的11市町村)。“污染状况重点调查地区”将在国家财政支援下具体推进相关工作，而“除染特别地域”则由国家直接实施消除核污染的工作。另外，为了消除核污染的根源，需要对核电站事故进行进一步处理，至2011年12月16日，原子炉进入安定的“冷温停止状态”。日本政府决定根据这个情况，计划将半径20 km范围内的警戒区域与年放射线量超过20毫西韦特的计划性避难区域进行重新划分，即分成在不远的将来有搬回原处可能的“解除警戒准备区域”、数年间搬回居住有困难的“居住限制区域”以及数十年间不可能搬回居住的“回归困难区域”三种情况。但是原子炉的“冷温停止状态”与正常意义上的停止状态是不同的，放射性物质依然在释放过程中，事故的完全恢复将是一个漫长的过程。

二、案例应用：原生、连带与二次致灾因子的区别

致灾因子主要是指一种危险的现象、物质、人的活动或局面，它们可能造成人员伤亡或对健康产生影响，造成财产损失、生计或服务设施的丧失、社会和经济的混乱、环境的破坏等。通俗地讲，致灾因子是一个自然、技术或社会现象。它对人们及其周围的环境构成了威胁。一种致灾因子可能引发另一种致灾因子出现，或与另一种致灾因子同时发生作用。通常，一种致灾因子发生作用、产生负面影响后，社会系统会更加脆弱。此时，其他致灾因子再发生作用，就会产生复合型风险，从而形成灾害链。致灾因子可以从作用机理上进一步分为以下三类：

(1) 原生致灾因子，即最初与脆弱性互动而引发灾害的致灾因子。在东日本大地震中，原发地震就可以称为原生致灾因子。

(2) 连带致灾因子，即与原生致灾因子同时发生的致灾因子。在东日本大地震中，地震引发的海啸就可以称为连带致灾因子。

(3) 二次致灾因子，即由原生致灾因子而引起的致灾因子。在东日本大地震中，海啸导致的福岛第一核电站泄漏就可以称为二次致灾因子。

灾害成链，风险叠加，造成了巨大破坏，至今仍使日本民众心有余悸。自然灾害经常不是孤立出现，许多自然灾害发生以后，经常会诱发一连串的次生灾害在某一时间或某一地区集中出现，这种现象称为灾害的连发性或者灾害链。由于多灾害叠加形成的群发性和链式传递效应，造成的破坏和影响更大。如日本大地震引发海啸，海啸冲破防护堤坝，席卷和吞噬了所经过的沿岸地区，造成福岛核设施的泄漏，衍生灾害对整个东亚地区都产生了一定影响，如图1－4所示。

首先，地震直接造成房屋损坏与人员伤亡，并引发地质灾害，主要包括土壤液化、地

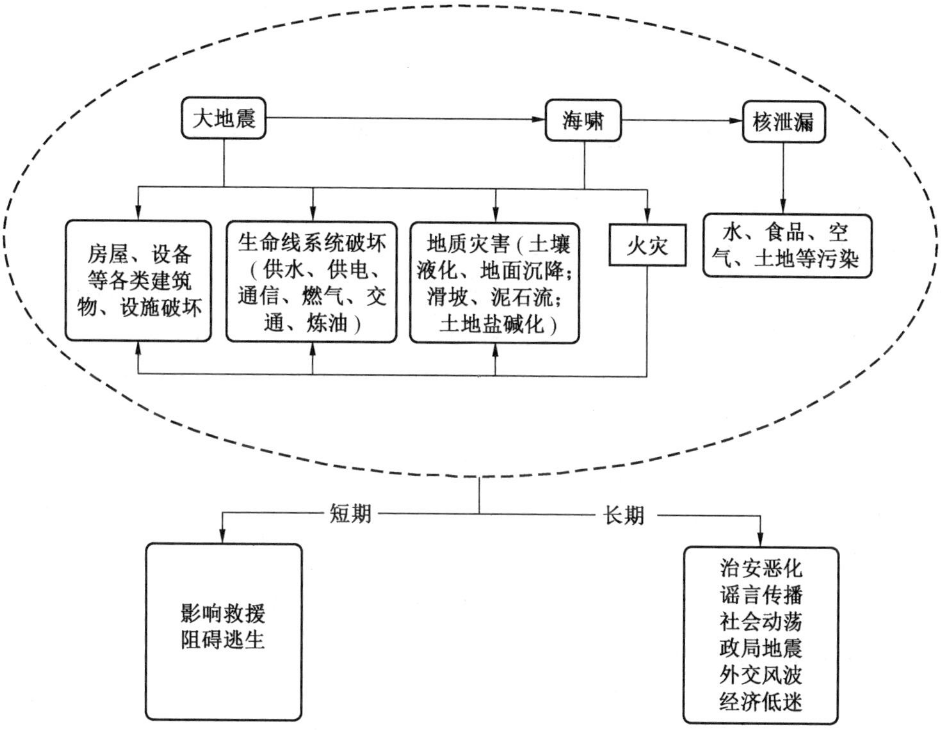

图 1－4 “3·11”日本大地震灾害链示意图

面沉降、地面开裂、塌方等，对房屋、基础设施等倒塌破坏造成叠加影响，也使城市生命线系统遭受破坏，城市机能运转受阻。其中地面沉降还使得部分遭灾地区遭到水浸，出现土地盐碱化，对居民后续的生产生活产生影响。对于居民家中的电器、工厂设备等造成破坏，引发火灾。其次，地震引发强烈海啸，在地震发生后不久席卷而来，冲走油罐、从汽车里面流出来的可燃物、船舶燃料重油等，掺杂着可燃物质的海水又向四面八方席卷而去，导致大面积火灾。另外，海啸对核电站造成冲击，造成福岛第一核电站泄漏，造成水、食品、空气和土地污染等，造成国内外民众恐慌。

地震、海啸、核泄漏都是一种危险现象，这些现象也可以叫危险源、风险源或致灾因子，它们的发生不可避免，但却不一定会导致灾难，例如地震发生在荒无人烟的戈壁滩上，不会造成人员伤亡、经济损失、社会混乱等局面。致灾因子只有结合脆弱性，才能形成风险，引发公共危机。

三、课堂习题

1. 2011 年“3·11”日本大地震中有哪些致灾因子？
2. 2011 年“3·11”日本大地震的致灾因子之间是否有相互联系？

第三节 公共危机管理的过程

一、案例描述：2014 年上海“12·31”外滩陈毅广场拥挤踩踏事件[①]

（一）事件发生背景

1. 2015 年新年倒计时活动变更情况

2011 年起，黄浦区政府、上海市旅游局和上海广播电视台连续三年在外滩风景区举办新年倒计时活动。鉴于在安全等方面存在一定的不可控因素，黄浦区政府经与上海市旅游局、上海广播电视台协商后，于 2014 年 11 月 13 日向市政府请示，新年倒计时活动暂停在外滩风景区举行，将另择地点举行，活动现场观众将控制在 3000 人左右，主办单位是黄浦区政府和上海广播电视台。对此，上海市政府同意暂停在外滩风景区举办新年倒计时活动，并就另择地点举办的活动，明确要求“谁主办、谁负责”，坚决落实属地管辖，切实把责任落到实处。

2014 年 12 月 9 日，黄浦区政府第 76 次常务会议决定，2015 年新年倒计时活动在北京东路以北的外滩源举行，距往年举办地陈毅广场 0. 5 km。

但 2015 年新年倒计时活动地点变更这一消息并没有有效告知民众，12 月 31 日 23 时民众未在陈毅广场看到灯火表演，在观景台的部分人群准备离开，但被堵在楼梯处。

2. 事件发生地的基本情况

外滩风景区是黄浦区辖区内的公共区域，东起黄浦江防汛墙、西至中山东一路和中山东二路西侧人行道、南起东门路北侧人行道、北至苏州河南岸，面积 3. 1 km^2。外滩风景区东侧黄浦江对岸是上海东方明珠和新落成的上海中心等标志性建筑所在的浦东陆家嘴地区，西侧沿中山东一路有外滩历史建筑群，并与延安东路、广东路、元芳弄、福州路、汉口路、九江路、南京东路、滇池路、北京东路、南苏州路等道路相通。市民游客可沿阶梯上至观景平台，观看黄浦江两岸景观灯和建筑群。

连续三年跨年灯光秀举办地陈毅广场就位于外滩风景区中部（与中山东一路 335 号至 309 号段隔路相望）、与南京东路东端相邻、与中山东一路相连，公共活动面积约 2877 m^2。陈毅广场通过大阶梯及大坡道连接的黄浦江观景平台，是外滩风景区最佳观景位置。此外，陈毅广场附近交通便捷，距离轨道交通 2 号线、10 号线南京东路站约 580 m，是外滩风景区人员流量最大、密度最高的区域。由于地点变更，事发当晚新年倒计时活动的举办地点在外滩源，外滩源位于中山东一路 33 号，邻近外滩风景区，与陈毅广场步行距离约 550 m。由于很多民众不知道地点变更，仍前往原举办地陈毅广场，此次事发现场位于

---

① 根据中国新闻网. 上海外滩拥挤踩踏事件调查报告全文［EB/OL］.（2015 - 01 - 21）［2021 - 07 - 30］. http://politics. people. com. cn/n/2015/0121/c1001 - 26424342. html；中国青年报. 五大原因导致外滩踩踏事件发生［EB/OL］.（2015 - 01 - 21）［2021 - 07 - 30］. http://roll. sohu. com/20150121/n407960159. shtml. 等资料编写。

陈毅广场东南角一处通往黄浦江观景平台的上下人行通道阶梯处。阶梯自上而下分为两组共 17 级，两组阶梯间距 2.3 m，阶梯两侧有不锈钢条状扶手。阶梯宽度 6.2 m，最高处距地面高度 3.5 m，纵深 8.4 m。

3. 事发当晚外滩风景区人员流量变化

2014 年 12 月 31 日 20 时起，外滩风景区人员进多出少，大量市民游客涌向外滩观景平台，呈现人员逐步聚集态势。事后，根据相关部门提供的数据综合分析，事发当晚外滩风景区的人员流量 20 时至 21 时约 12 万人，21 时至 22 时约 16 万人，22 时至 23 时约 24 万人，23 时至事件发生时约 31 万人。

2014 年 12 月 31 日，上海政府网站的公告显示，当年上海外滩地区取消大规模新年倒计时活动。但仍有许多游客去外滩源看 5D 灯光秀，还有的守候在滨江边看上海中心亮灯。南京东路站深夜客流或明显超过工作日早高峰。

2014 年 12 月 31 日 20 时 30 分，外滩的人流量已接近 2013 年灯光秀时的规模，远远超过预期。根据事先部署，上海相关部门已组织了超过平时相当多的警力到场。

2014 年 12 月 31 日 23 时 13 分，上海市政府新闻办公室官方微博@上海发布曾发布实时公共交通信息，称截至 22 时 40 分，上海全路网客流已超过 1003 万人次，“再创历史新高”。

2014 年 12 月 31 日 23 时 32 分，上海市公安局官方微博@警民直通车－上海曾发布微博播报外滩实时消息，称“外滩迎新场面壮观，虽然人多，但秩序还算有序，希望在现场的民众配合民警和武警叔叔的指挥，平安跨新年；外滩已近饱和，警察建议择地前往跨年”。

（二）事件发生过程

1. 事件的爆发

2014 年 12 月 31 日 22 时 37 分，外滩陈毅广场东南角北侧人行通道阶梯处的单向通行警戒带被冲破以后，现场值勤民警竭力维持秩序，仍有大量市民游客逆行涌上观景平台。

23 时 23 分至 33 分，逐渐有越来越多公众发现外滩观景平台上没有灯光秀，开始往下走，而还没有上到观景平台上的公众仍然往上走。上下人流不断对冲后在阶梯中间形成僵持，继而形成“浪涌”。

23 时 35 分，僵持人流向下的压力陡增，造成阶梯底部有人失衡跌倒，继而引发多人摔倒、叠压，致使拥挤踩踏事件发生。有处于高处的民众意识到了危险，挥舞手臂让其他人后退。楼梯上的人和赶到救援的警察开始呼喊让台阶上的人群后退，但声音太小并没有起到多大作用，于是更多的人被层层涌来的人浪压倒。

2. 事件的处置

1）现场救援

23 时 35 分，拥挤踩踏事件发生后，在现场维持秩序的民警试图与市民游客一起将临近的摔倒人员拉出，但因跌倒人员仍被上方的人流挤压，多次尝试均未成功。此后，阶梯处多位市民游客在他人帮助下翻越扶手，阶梯上方人流在民警和热心的市民游客指挥下开始后退，上方人员密度逐步减小，民警和市民游客开始将被拥挤踩踏的人员移至平地进行抢救。许多市民游客自发用身体围成人墙，辟出一条宽约 3 m 的救护通道。现场市民游客中的医生、护士都自发加入了抢救工作，对有生命体征的受伤人员进行紧急抢救。

23 时 41 分 22 秒起，上海市“120”医疗急救中心陆续接到急救电话。23 时 49 分起，先后有 19 辆救护车抵达陈毅广场，第一时间开展现场救治和伤员转运。上海市公安局及黄浦公安分局迅速开辟应急通道，调集警用、公交及其他社会车辆，将受伤市民游客就近送至瑞金医院、长征医院、上海市第一人民医院和黄浦区中心医院抢救。同时，迅速组织力量千方百计收集伤亡人员信息，及时联系伤亡人员所在单位和家属。

2）领导批示

事件发生后，习近平总书记、李克强总理等中央领导同志分别作出重要批示，要求上海市全力以赴救治伤员，做好各项善后工作，抓紧调查事件原因，深刻吸取事件教训，及时准确向社会发布信息。

中共中央政治局委员、上海市委书记韩正，中共上海市委副书记、上海市市长杨雄要求全力做好伤员抢救和善后处置等工作。

3）成立工作组

2015 年 1 月 1 日上午，上海市委、市政府召开全市党政负责干部紧急会议，全面部署各项善后工作和全市面上安全防范工作，并在会议开始前向遇难者表示深切哀悼。

针对拥挤踩踏事件，上海市成立工作组，统一指导善后工作。工作组由上海市市长牵头，市政府、黄浦区各委办局参加，负责统筹、信息汇总，及时了解相关信息。工作组下设医疗小组、联合调查组、善后工作组、舆情工作组 4 个小组。

3. 事件的恢复

1）成立调查组

依据《中华人民共和国突发事件应对法》和《上海市实施〈中华人民共和国突发事件应对法〉办法》等有关法律法规，上海市迅速成立了市政府联合调查组。联合调查组邀请了国家和本市应急管理、公共安全管理、法律等方面的专家为事件调查进行分析论证。

联合调查组通过现场勘查、调查取证、专家论证、综合分析等，开展事件调查工作。事件发生后，联合调查组迅速组织力量对事件现场进行勘查，先后对受伤人员、执勤民警、市民游客、地铁工作人员等调查走访，了解事件发生经过，并对事件现场有关情况进行核查。联合调查组还调取查看外滩区域 36 个监控探头、累计时长约 70 小时的视频录像，系统梳理相关法律法规，查阅市级和区级有关部门“三定方案”、规范性文件、会议纪要等资料 195 份，对市级 10 个部门（单位）和黄浦区政府以及区有关部门领导共 51 人进行了谈话询问，详细调查相关管理情况。

2）紧急通知

2015 年 1 月 1 日，国家旅游局网站发布关于做好节日期间旅游安全工作的紧急通知。

通知要求，各地要从上海外滩及以往类似事件中吸取教训，各地旅游部门负责人要亲赴第一线检查，确保各项安全措施落到实处，及时发布流量信息，引导游客合理出行。

“12·31”外滩陈毅广场拥挤踩踏事件发生后，上海各区县紧急叫停一批正在开展或即将举办的大型活动。同时，各区已经启动针对各类安全隐患的全面排查行动，并明确值班机制。针对一些人流密集的地标性区域，各区也已加强安保巡查力度。

3）心理援助和救助方案

2015 年 1 月 2 日，上海市卫生计生委及时启动了心理援助工作，协调上海市精神卫生中心组成了 8 个人的专家组，并召集 6 家区县的精神卫生中心、近 40 位人员组成了应急的后备队伍。分别与 3 家收治医院对接，做好伤员的心理干预，并要求收治医院同步做好伤员的心理疏导。并且还组织了医务社工和志愿者参与伤员及家属的劝慰和安抚工作。

2015 年 1 月 21 日，上海市黄浦区人民政府新闻办官方微博“上海黄浦”发布消息，本着“依法依规、合情合理、实事求是、一视同仁”的原则，黄浦区政府会同有关社会组织共同研究制定了外滩拥挤踩踏事件遇难人员家属救助方案。确定此次事件遇难人员家属的救助抚慰金为人民币 80 万元。其中,50 万元为政府救助抚慰金,30 万元为社会帮扶金。

4）警醒反思

对“‘12·31’外滩陈毅广场拥挤踩踏事件”的关注，以被写进上海市政府工作报告的形式再次加强。2015 年 1 月 25 日，在上海市十四届人大三次会议上，上海市市长杨雄作政府工作报告。报告用了较大篇幅反思“12·31”外滩陈毅广场拥挤踩踏事件，还在 2015 年的主要任务中专辟了一个章节论述“强化安全防范和基层建设，提升城市管理和社会治理水平”。

（三）事件原因分析

2014 年 12 月 31 日 23 时 35 分，正值跨年夜活动，因很多游客市民聚集在上海外滩迎接新年，上海市黄浦区外滩陈毅广场东南角通往黄浦江观景平台的人行通道阶梯处底部有人失衡跌倒，继而引发多人摔倒、叠压，致使拥挤踩踏事件发生，造成 36 人死亡，49 人受伤。这是一起对群众性活动预防准备不足、现场管理不力、应对处置不当而引发的拥挤踩踏并造成重大伤亡和严重后果的公共安全责任事件。

对事发当晚外滩风景区特别是陈毅广场人员聚集的情况，黄浦区政府和相关部门领导思想麻痹，严重缺乏公共安全风险防范意识，对重点公共场所可能存在的大量人员聚集风险未作评估，预防和应对准备严重缺失，事发当晚预警不力、应对措施不当，是这起拥挤踩踏事件发生的主要原因。

1. 对新年倒计时活动变更风险未作评估

大量市民游客认为外滩风景区仍会举办新年倒计时活动，南京路商业街和黄浦江对岸的上海中心、东方明珠等举办的相关活动吸引了部分市民游客专门至此观看。对此，黄浦区政府在新年倒计时活动变更时，未对可能的人员聚集安全风险予以高度重视，没有进行评估，缺乏应有认知，导致判断失误。

2. 新年倒计时活动变更信息宣传严重不到位

新年倒计时活动变更后，主办单位应当提前向社会充分告知活动信息。但是，直至12月30日，黄浦区旅游局才对外正式发布了新年倒计时活动信息，对“外滩”与“外滩源”的区别没有特别提醒和广泛宣传，信息公告不及时、不到位、不充分。

3. 预防准备严重缺失

黄浦公安分局未按照黄浦区政府常务会议要求，在编制的新年倒计时活动安全保卫工作方案中，仅对外滩源新年倒计时活动进行了安全评估，未对外滩风景区安全风险进行专门评估。黄浦公安分局仅会同黄浦区市政委等有关部门在外滩风景区及南京路沿线布置了350名民警、108名城市管理和辅助人员、100名武警，安保人员配置严重不足。

4. 对监测人员流量变化情况未及时研判、预警，未发布提示信息

12月31日20时至事件发生时，外滩风景区人员流量呈上升趋势。黄浦公安分局指挥中心未严格落实上海市公安局指挥中心每半小时上报人员流量监测情况的工作要求，也未及时向黄浦区委区政府总值班室报告。黄浦公安分局对各时段人员流量快速递增的变动情况未及时采取有效措施，未报请黄浦区政府发布预警，控制事态发展。对上海市公安局多次提醒的形势研判要求，未作响应。

5. 应对处置不当

针对事发当晚持续增加的人员流量，在现场现有警力配备明显不足的情况下，黄浦公安分局只对警力部署作了部分调整，没有采取其他有效措施，一直未向黄浦区政府和上海市公安局报告，未向上海市公安局提出增援需求，也未落实上海市公安局相关指令，处置措施不当。上海市公安局对黄浦公安分局处置措施不当指导监督不到位。黄浦区政府未及时向市政府报送事件信息。

二、案例应用：减缓、准备、响应和恢复阶段的区别

美国学者罗伯特·希斯在《危机管理》一书中提出了危机管理的“4R理论”，将危机管理分成四个阶段，分别是减缓阶段、准备阶段、响应阶段、恢复阶段。依据四个阶段所呈现的特点，采取不同的措施加以应对，尽量减少危机带来的负面影响且转“危”为“机”。这四个阶段环环相扣、相互依赖，组成了完整的危机管理体系，涵盖事前、事中和事后控制全过程，是一个动态的循环过程，符合危机发展的客观规律①。

《中华人民共和国突发事件应对法》自2007年11月1日起施行，其内容包括预防与应急准备、监测与预警、应急处置与救援、事后恢复与重建，充分肯定了公共危机管理进行四阶段划分的合理性。对2014年上海“12·31”外滩陈毅广场拥挤踩踏事件进行四阶段分析，有助于更好地了解公共危机管理的概念，认识到进行危机管理的重要性。

---

① 周枫．新媒体时代政府公共危机管理研究：基于4R理论视角对于上海外滩踩踏事件的分析［J］．管理观察，2017（24）：45－49.

（一）减缓阶段

减缓是公共危机管理的重要部分，是指在危机未发生时，将其扼杀在摇篮里，重视风险评估，尽量排除危机发生的可能性。在危机管理中，政府首先要做的是减缓危机，对事件进行梳理。

上海新年倒计时活动本身存在巨大风险，包括人的风险因素、物的风险因素、环境风险因素、管理风险因素。首先黄埔区政府未对可能的人员聚集安全风险予以高度重视，没有进行评估，缺乏应有认知，导致判断失误。2014 年 11 月 13 日，黄浦区政府与上海市旅游局协商后向市政府请示了新年倒计时活动，现场观众将控制在 3000 人左右，可是踩踏事件发生时，陈毅广场上聚集了 30 万名群众，远远超出人员标准流量，事件的发展超出了政府的可控范围。图 1－5 所示的大型公共活动踩踏事故风险评估程序，为该类事件减缓阶段的危机管理工作提供了思路。其次政府在减缓阶段要避免因消息不畅引发的危机，在此次事件中活动变更信息公告不及时、活动宣传不充分、安全监督指导不到位等，也体现了减缓阶段工作的不足。

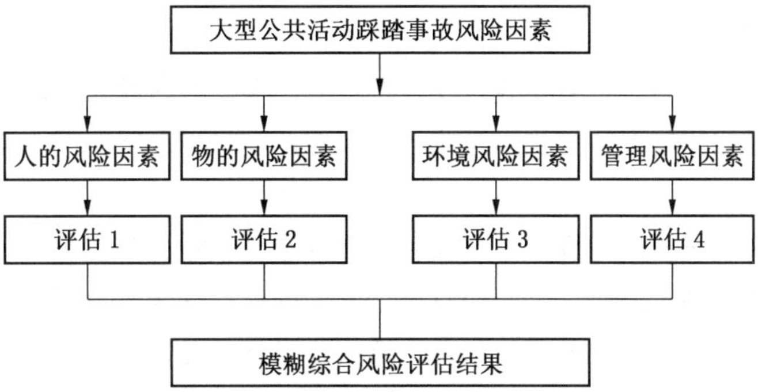

图 1－5　大型公共活动踩踏事故风险评估程序①

（二）准备阶段

准备阶段在危机管理中发挥着重要作用，包括应急规划与准备、危机预测预警等工作。其目的是在危机发生前具有危机意识，做好危机准备和预警工作，避免危机发生时人力、物力、财力欠缺，扩大其影响。政府要在危机发生前，做好日常信息的收集，对可能发生的危机风险进行评估，从而制定预案和应对机制，准备充足的物资和资源。

在上海踩踏事件发生前，政府相应准备工作便已有所欠缺。面对如此盛大的活动，难以承载的人流量，预防准备严重缺失，场地周围没有应对突发事件所需开阔区域，警卫安保人员配置严重不足；所辖黄浦公安分局对监测人员流量变化情况未及时研判、预警，未发布提示信息且对各时段人员流量快速递增变动情况未及时采取有效措施。

---

① 刘泽照，杨帆，黄杰．大型公共活动踩踏事故模糊风险评估应用研究：以上海“12·31”踩踏事件为例［J］．南京航空航天大学学报（社会科学版），2015，17（2）：33－38．

（三）响应阶段

响应指当危机发生时，快速作出科学决策，进行人员的调动和资源分配，以最快的速度作出回应，遏制危机扩散①。危机发生后，政府要以最快的速度在最短的时间内进行响应。

拥挤踩踏事件发生后，现场民警和民众开展救援，各级领导迅速作出批示，事件发生的第二天上午即成立工作组和调查组。与此同时国家旅游局网站发布紧急通知，上海各区县紧急叫停大型活动。除此之外上海市卫生计生委启动心理援助，黄浦区政府确定抚慰金等一系列行为较好地应对了此次危机。

此次事件的惨痛结果也体现出应对处置失当问题。事发当晚，黄浦公安分局未向上级反映情况也未作出有效调整，警力调配不充足、不及时，限流机制落实缺位，造成悲剧发生时现场民警试图拉出摔倒乘客多次尝试均未成功，同时面对上级单位的提醒，也没有及时增派警力。上海市公安局虽发布了相关指令，但落实不到位以及对黄浦公安分局处置措施不当指导监督不到位。黄浦区政府也未及时向上海市政府报送事件信息。这些因素在危机管理的响应阶段都有体现。

（四）恢复阶段

恢复指在危机发生后，总结经验，反思自身工作存在的问题且及时改进，减少事故发生带来的损失，尽快恢复到正常状态。该事件中的调查问责、制度反思与改进都体现了恢复阶段的工作。

事故发生后，上海市迅速成立了市政府联合调查组。联合调查组邀请了国家和本市应急管理、公共安全管理、法律等方面的专家为事件调查进行分析论证，对相应机关进行问责。黄浦区政府对事件负有主要管理责任，黄浦公安分局对事件负有直接管理责任，黄浦区市政委、黄浦区旅游局、黄浦区外滩风景区管理办公室对事件负有管理责任，上海市公安局对事件负有指导监督管理责任。

与此同时，上海市政府发布会准备巨细不漏，承认错误态度诚恳。2015 年 1 月 21 日 11 时 10 分，上海市政府召开新闻发布会且同时进行微直播向公众展示会议内容，会上发布了《上海“12·31”外滩踩踏事件调查报告》，其中“责任分析”和“问责处理”的内容占全文约 24% 。从 1 月 21 日 11 时 5 分开始截至 1 月 21 日 11 时 40 分，短短 35 分钟的时间，“@上海发布”就发送了 8 条微博，高频次详尽地将事件的起因、经过、结果告知民众②。

对于此次事件的发生，我们应该进行反思。政府应制定应急机制，以及形成相应的防范机制。同样重要的是要健全“谁主管、谁监测，谁预警、谁发布”的预警管理机制，针

---

① 陈时禄，钱叶莹．网络时代下我国食品企业危机公关策略分析：以双汇“蛆虫门”事件为例［J］．皖西学院学报，2013，29（2）：153－156.

② 周建青，汪金刚．突发事件中网络新闻发言人发言策略探析：以上海外滩踩踏事件官方微博发布为例［J］．华南理工大学学报（社会科学版），2016，18（1）：65－70.

对不同突发事件，完善预警标准和相应措施。公共场所的公共事件发生后，政府本身就应该起到监督和疏导群众的作用，进一步加强重点环节、重点领域和重要时段的现场情况监测，结合大规模人员聚集、大流量交通等情况变化，加强分析研判，及时发现苗头性、趋势性问题，及时启动相关应急预案，采取交通管控措施，重点加强特定区域的人员流动管理，实现信息共享，进一步加强预警信息沟通，以及要主动追踪社会动向、追踪市场动向，提供更加精细的管理、服务和保障。

三、课堂习题

请使用“4R 理论”对 2014 年上海“12·31”外滩陈毅广场拥挤踩踏事件进行公共危机治理的过程分析。

第四节　我国第一代应急管理体系（1949—2003 年）

一、案例描述：1960 年“为了六十一个阶级弟兄”事件[①]

（一）事件发生背景

1955 年 7 月，全国人大一届二次会议批准了国务院关于治理黄河的规划，决定在黄河三门峡河段入峡口兴建大型水库，这样平陆县城及境内原沿黄河北岸的公路将被淹没，必须另修新路。新路名叫风南公路，该路西起芮城县风陵渡，东到平陆县曹川镇南沟村，全长约 200 km，是支援三门峡建设的北线交通大动脉。平陆全县抽调了 3000 多名（后增至近万人）民工组成修路大军，按军队编制，实行半军事化管理，每个公社编为一个公路营。

位于平陆县最北的张店公社，从所辖的 12 个管理区（当时称管理区，至 1961 年 3 月中共中央“农业六十条”颁布实施后，改为生产大队，但大队规模一般都比管理区小）抽调 300 多名民工，组成张店公路营，下辖 3 个连，每个连又分为 3 个排，每个排又分为 3 个班，另有一个放炮班。张店公路营第三连人最多，有 110 多人，是张店公路营的修路主力连队。

（二）事件发生过程

1. 事件的爆发

1960 年 2 月 2 日（农历正月初六）傍晚，正在修筑风南公路张沟段（三门峡水利枢纽工程配套公路）的山西平陆县农民三连，晚饭后 61 人中毒，生命垂危。

2. 事件的处置

三连连长马上让中毒轻者报告营部，营部得到报告后，马上打电话向张店公社报告，

---

① 根据周克冰．从简讯到名篇——《为了六十一个阶级弟兄》的回顾［J］．新闻三昧，2000（4）：39；石耘．“为了六十一个阶级弟兄”背后的故事［J］．文史精华，2009（11）：38 - 45，1；石耘．“为了六十一个阶级弟兄”背后的故事（上）［J］．文史月刊，2010（2）：11 - 14．等资料编写。

张店公社获悉后，立即向平陆县委和公安局进行了报告。此时，中共平陆县委正在召开县委（扩大）会议，时任县委第一书记郝世山听到这个消息后，立即中止会议，要求全力以赴抢救中毒民工并组织破案。

张店公社组织医护人员先一步到达展开施救，同时县医院接到命令，立即抽调业务精湛、医术高超的医务人员，火速赶赴现场。医务人员使用灌甘草水、打吗啡针的传统救治方法均无效，断定必须注射特效药二巯基丙醇。中共平陆县委马上派人到附近侯马市、临汾市、运城市、三门峡市等地寻找，仅找到十几支二巯基丙醇。这时情况已经十分紧急，参加救治的医生经过会诊后一致认为：中毒者必须在2月4日清晨前全部注射上这种特效药，否则无救。

2月3日下午，郝书记决定麻烦中央，向首都请求援助，将特急电话打给了卫生部，请求必须在4日凌晨前将1000支二巯基丙醇送到平陆。药材器材处处长江冰最先接的电话，他一边让处里老吴联系急救药，一边向部长办公室跑去。此时正在进行部党组会议，主管药材器材的徐运北副部长指示：一定要把这件事办好，在北京市乃至全国范围内找药，如果都找不到就请生产厂家赶制生产此药。同时，要立即同民航局联系，不行的话也可以同空军联系，安排空投药品问题。卫生部随即联系药品和中国民用航空局，由于民航班机起飞时间太迟，民航局联系了空军。地处王府井大街北端八面槽的北京特药商店接到求救电话后取药装箱，装上发光设备。2月3日深夜，空军派运输机将药品空投到平陆县，61人注射药品后脱离了生命危险。

在这个过程中，太原、临汾、运城等地也都派出了最好的医生从四面八方奔赴张村进行医疗支援，平陆各人民公社也派出民工支援生产，各方力量都动员起来团结一致。

2月10日起61位患者陆续痊愈，至2月15日全部康复出院，又回到了风南公路的修路岗位上。他们写了决心书、保证书和感谢信，还在工地上方悬崖上刻下“死而复生，永远不忘共产党”的巨幅标语，表示要搞好生产和学习，作出成绩，报答党中央、毛主席和首都军民对平陆人民的关怀。

在迅速派出医疗救治小组的同时，由县法院院长张大勇、公安局局长燕英杰为主要负责人，组成15人破案小组，稍早于县医疗救治小组赶到出事地点进行仔细勘察。2月3日下午7时左右，公安人员确定投毒人为张德才，并审问得知提供砒霜的是回申娃。经平陆县检察院起诉，县法院审结，判处张德才、回申娃二人死刑，立即执行。3月24日报山西省高级人民法院批准，并上报最高人民法院核准。接着平陆县人民法院发出（60）法刑布字第3号布告，并印刷1.7万份。4月2日上午，平陆县城召开万人公审大会，由平陆县检察院派员莅临监督、验明正身，将张德才、回申娃二人押赴刑场枪决，而后将处罚布告在全国范围内张贴。这在全国来说是前所未有的，也可以看出这个案件在当时影响之大。

同时，“为了六十一个阶级弟兄”事件受到新闻界的关注与大篇幅报道；戏剧界进行相关话剧、合唱的改编与演出，北京电影制片厂还专门拍摄《为了六十一个阶级弟兄》的电影在全国各地上映；出版业出版相关话剧本、戏曲本、曲艺丛书、通讯评论集、连环画本以及注音扫盲读物等。经过各界大力宣传，事件引发全国关注，体现出新中国军民一心、一方有难多方来援的伟大精神。这个事件也成为新中国成立后较为经典的应急管理案例之一。

3. 事件后慰问

事件发生后，各级、各类、各种慰问看望活动很多。中毒民工家乡的张店公社及各公社闻讯都以慰问组或慰问电话的形式对中毒民工表示关切。3 月下旬，山西省交通厅慰问团送来慰问品，并与 61 名民工和张店公路营全体民工合影。3 月 31 日，执行空投送药任务的原班机组人员以及北京电影制片厂的有关同志携带影片拷贝，组成 16 人的慰问组赴平陆慰问。平陆县也开展了赴京慰问活动，早在 2 月中旬即派县卫生局局长前去北京致谢。卫生部向平陆医院赠送了一台 X 光机和一台保温送饭车。卫生部部长李德全、副部长徐运北等接见了慰问团全体成员。慰问团在颐和园还参加了北京 6 万名少年儿童的献花及佩戴红领巾活动。6 月 1 日晚，慰问团离京返回平陆。在开展各种慰问活动的同时，全国各地也写来了慰问信。据平陆县档案局的老同志回忆说，收到的信件有几麻袋之多，至今还存有各地写来的相当数量的慰问信件。

二、案例应用：第一代应急管理体系的特征

从 1949 年新中国成立之后，根据国家实际发展情况，以 2003 年为节点可以把应急管理体系的发展分为两个阶段，即第一代应急管理体系和第二代应急管理体系。“为了六十一个阶级弟兄”事件发生在 20 世纪 60 年代，这一时期的应急救援工作具有强烈的政治性，救灾问题被赋予了事关政权巩固的重大使命。加之当时特殊的社会政治背景，有着高度集中的政治经济体制，减灾救灾的政治挂帅、党和政府包揽一切、发动群众生产自救、集体互助救灾等，是这一时期应急管理的鲜明特征①。

中国应急管理体系是一个由政府和其他各类社会组织构成的一个应对突发事件的整合网络。它包括法律法规、体制机构（包括公共和私人的部门）、机制与规则、环境与文化，所有这些都是一个系统的因素，决定着国家应对突发事件的能力和效率②。第一代应急管理体系经历了逐渐积累的过程，主要有以下几个特点：

（1）在法律法规方面，应急管理法律缺失。“应急管理”这个词还未在官方话语中出现过，也没有成型的应急管理体系，主要是“单灾种”“分级分类”的管理模式③。

（2）在体制机构方面，是一个高度集中的治理体系，其中关键是自上而下的政治动员，而且部门之间有很细的分工。也可以说是单部门负责制，如水利部门主要负责洪涝灾害的防范和应对，气象部门主要负责气象灾害的预报和监测，地震部门主要负责地震灾害

① 朱正威．中国应急管理 70 年：从防灾减灾到韧性治理［J］．国家治理，2019（36）：18－23.

② 薛澜．中国应急管理系统的演变［J］．行政管理改革，2010（8）：22－24.

③ 王郅强，张晓君．改革开放 40 年以来中国应急管理变迁：以“间断－均衡”理论为视角［J］．华南理工大学学报（社会科学版），2018，20（6）：70－79.

的预报和监测，民政部门主要负责灾后的生活救助，安监部门主要负责生产安全事故的预防、救援和调查等。

（3）在机制与规则方面，危机管理是日常管理在危机状态下的延伸，常见应对模式是危机事件发生后经常会成立一个应急管理指挥部。

（4）在环境与文化方面，也有很鲜明的时代特色，主要是简朴稳定，纪律性强，普遍认为公共利益是压倒一切的。

三、课堂习题

1. 结合案例分析，我国第一代应急管理体系有什么优势？
2. 结合案例分析，我国第一代应急管理体系有什么不足之处？

第五节　我国第二代应急管理体系（2003 年以后）

一、案例描述：2003 年严重急性呼吸综合征（SARS）事件①

（一）事件发生背景

SARS 事件在我国第一代应急管理体系背景下发生的。在此之前，我国缺乏对公共卫生事件应急处置的成熟经验和完备方案。此前的公共卫生管理体系存在诸如缺乏公共卫生管理领域的引导者、未能合理分配医疗资源、财政分配结构失衡、卫生法律体系有待完善等问题。

（二）事件发生过程

1. 病毒蔓延过程

2002 年 12 月，广东出现了第一起非典型肺炎病例，之后几个月内病毒迅速传播至全球。首例病人发病住院之后出现了医护人员感染情况，为防止造成恐慌，广东省在全力医治的同时并未公开相关信息，造成市民猜测纷纭。至 2003 年 2 月 9 日，广东共有 100 多例病例，其中 2 例死亡病例。2 月 11 日，广东省召开新闻发布会，称 305 例患者的病情都在掌握之中。3 月 15 日，世界卫生组织将该病命名为 SARS。至此，世界多个国家宣布出现多起非典型肺炎案例。3 月 31 日，我国推出《非典型肺炎防治技术方案》。4 月 3 日，卫生部召开新闻发布会，会上出现了“中国是安全的”等判断失误的言论。4 月 13 日，我

① 根据马平．后“非典”时代公共卫生体系建构中的政府角色研究［J］．法制与社会，2020(8)：121－122；杨安华，旷紫沁．我国重大疫情防控：历史回顾与经验教训——基于近百年来我国四次重大传染疾病应对的考察［J］．怀化学院学报，2021，40(1)：68－72；钟开斌．国家应急指挥体制的“变”与“不变”：基于“非典”、甲流感、新冠肺炎疫情的案例比较研究［J］．行政法学研究，2020(3)：11－23；清华大学公共管理学院课题组．SARS 疫情简要分析报告［J］．科学新闻，2003(10)：12；徐冉．突发公共卫生事件的政府应急管理能力研究［D］．苏州：苏州大学，2010．等资料编写。

国将“非典”列入《传染病防治法》进行管理。17日，召开抗击“非典”的中央政治局常务委员会。此后，党中央严厉禁止瞒报疫情，实行“疫情一日一报”制。4月30日，启用小汤山医院，收治全北京的SARS患者。7月13日，全球“非典”患者、疑似病例不再增加，“非典”基本结束。我国大陆“非典”患者总计5327例，死亡349例，居世界首位。

2. 官方应急响应过程

1）成立非典型肺炎指挥部，统一指挥“非典”防控

从3月底到4月下旬，面对不断肆虐的疫情，国家应急指挥体制连升三级。3月31日，卫生部成立全国“非典”防治工作领导小组，下设10个工作组，实行集中办公和24小时值班制度，并要求各地成立“非典”防治领导小组。4月2日，国务院总理温家宝主持召开国务院常务会议研究“非典”防治工作，会议决定成立以卫生部部长为组长的“非典”防治工作领导小组，负责指导全国的“非典”防治工作；同时，成立由国务院副秘书长牵头的部际联席会议，协调解决有关问题。4月11日，国务院防治“非典”部际联席会议发出第一份联合公告。4月23日召开国务院常务委员会议，会上决定成立由30多个部门组成、吴仪副总理担任总指挥的国务院非典型肺炎指挥部，统一指挥、协调全国的非典型肺炎防治工作。指挥部的成立是我国有史以来针对具体事件级别最高、涉及范围最广的行动组织，它结束了“非典”前期零散、分散的防控工作，将防控知识宣传、医疗救治、交通管制、农村防控等工作纳入统一部署，有力地控制了疫情，并最终取得成功。

2）公开信息，实行疫情信息“一日一报”制

4月20日，卫生部副部长宣布将疫情通报从“五日一报”变为“一日一报”，要求相关部门及时更新信息，禁止瞒报、谎报。5月9日，我国公布《突发公共卫生事件应急条例》，明确要求建立起信息畅通的公共卫生应急制度。我国的信息公开工作进入逐步公开阶段。《突发公共卫生事件应急条例》的颁发标志着我国将突发公共卫生事件的应急管理纳入了法治建设的轨道。

3）加强制度建设，建立应急管理体系

“非典”发生后，“应急管理”一词正式进入我国公众视野。之后，我国明确提出了“应急管理体系”概念，并开始加快以“一案三制”（国家突发公共事件应急预案、应急管理体制、运行机制和法制）为基本框架的应急管理体系建设的进程。当年5月，我国出台《突发公共卫生事件应急条例》，随后开始在各级政府成立以应急办为主要机构的应急管理体制。2006年1月，颁布《国家突发公共事件总体应急预案》，逐步形成了“纵向到底，横向到边”的预案体系。2007年颁布实施的《中华人民共和国突发事件应对法》则标志着我国突发事件应急管理开始走向法治化道路。我国应急管理体系不断完善。

（三）事件原因分析

2003年发生的“非典”疫情，是一场突如其来的严重传染病灾害，严重威胁人民健康和生命安全，危害中国社会经济发展和对外交往。从2002年11月1日到2003年7月

31 日，全球共有 32 个国家或地区共报告临床诊断病例 8098 例，死亡 774 例，病死率为 9.6% 。其中，我国内地 24 个省（区、市）先后发生疫情，共波及 266 个县和市（区），累计报告临床诊断病例 5327 例，治愈出院 4959 例，死亡 349 例。

1. 直接原因：病毒流行

世界卫生组织在 2003 年 4 月 15 日报告中首次提出“超级传播者”(super - spreader) 的概念，用来描述当时已经被确认为 SARS 病例的非典型肺炎，而他们很可能已经将该疾病传播给了数量巨大的其他个体。报告指出“超级传播者”现象是一个尚未得到公认的医学情况，主要是在 SARS 的前期发病中，由于未意识到该疾病的高度传染性和严重性，未采取严格的控制传染措施，导致许多医护人员、亲属以及探视者被感染，使 SARS 进一步扩散。而自从采取了控制传染的措施后，由一个单一的 SARS 传染株导致的新病例数有所下降。

2. 间接原因：社会参与程度有待提高，应急医疗救治能力有待加强

各国突发公共卫生事件的管理实践表明，突发事件管理中政府的作用是必要的，但并不是充分的。在应对突发事件的过程中，政府或多或少存在一些盲点，非政府类的民间组织恰好能够弥补这一不足，发挥其作用。国内外经验表明，应对重大危机挑战，必须广泛动员社会力量参加。但长期以来，我国形成了“大政府、小社会”的格局，社会一直在政府的意志下发展，没有真正形成一种相对独立的机制，“非典”期间我国应急管理体系中整合社会资源、调动社会力量的环节还十分薄弱，几乎还停留于募捐赈灾物资等初级阶段，民间社会力量未能得以充分发挥。人们的社会参与意识淡薄，社会自我管理能力很低。因此，突发事件来临时，政府独自应对，压力非常大，不能有效处理。

二、案例应用：第二代应急管理体系的建立

2003 年，突如其来的“非典”疫情暴发，暴露出我国在应对重大突发灾害方面存在的问题：事前准备不充分，信息渠道不通畅，应急体制与机制不健全，应急效率低，公共卫生缺乏，社会组织动员能力弱等。

“非典”疫情暴发后，我国应对重大灾害管理体制进行了较大体制改革，建立起各级政府主导的灾害应急协调联动机制，制定了各层次各灾种的应急预案，积极鼓励社会力量和吸收国际力量参与救灾。为了弥补“非典”疫情中暴露出来的短板，避免今后再犯同类问题，在抗击“非典”取得胜利后，党和政府全面加强应急管理工作，将防范重大灾害纳入应急管理体系。从此，应急管理制度成为国家制度现代化建设中的一项重要工作。

应急管理制度建设是围绕“一案三制”进行的。“一案三制”是基于四个维度的综合体系：应急预案是纲领，应急体制是基础，应急机制是关键，应急法制是保障。2005 年，国务院常务会议讨论通过《国家自然灾害救助应急预案》，将突发性自然灾害划分为四个等级，明确了适用条件、启动条件、组织指挥体系及职责任务、应急准备、预警预报与信息管理、应急响应等，这就使得救灾组织者按照相对固定和规范的程序有步骤、有秩序、有针对性地进行救灾。另外，相关部门针对不同灾种制定了应急预案。例如，国家海洋局

发布《风暴潮、海啸、海冰灾害应急预案》《赤潮灾害应急预案》，并于2009年修订《风暴潮、海啸、海冰灾害应急预案》。应急预案的制定对于提升防灾减灾能力，保障人民生命财产安全和经济发展成果，起到了保驾护航作用。

就应急救灾体制改革而言，“组织指挥不统一”是“非典”疫情暴露出的问题之一，灾害风险要求应急管理的综合化、协同化与国家治理中分权化、部门化、碎片化的现状相冲突。为了解决这一体制性问题，2006年4月10日，《国务院办公厅关于设置国务院应急管理办公室（国务院总值班室）的通知》提出，在国务院办公厅下设应急管理办公室，负责协调和督促检查各省（区、市）人民政府、国务院各部门应急管理工作，协调、组织有关方面研究提出国家应急管理的政策、法规和规划建议等多项职责，即以政府应急管理办公室作为权威枢纽机构抓总，实现全灾种与各部门应急有力协调。在各省市县的政府部门都设立应急办公室，协调本地区各部门应急管理工作，并与上一级应急办公室形成纵向对应关系，形成了应急管理领导机构、应急管理办事机构、应急管理执行机构和应急管理基层机构四级负责机构，形成一套新的应急管理体制。

就应急法制而言，在“非典”暴发前，我国分类型、分灾种的立法工作基本完成，属于“一事一法”，即用一部法律规定某一部门为执法机关应对某一突发事件，其结果是一旦非常规突发事件发生，便无对应主体负责，出现“应急失灵”。2007年11月1日，《中华人民共和国突发事件应对法》颁布，弥补了上述单一法规体系缺陷。作为一部综合性法律，使得我国应对突发性灾害有法可依。

同时，应急机制也得以完善，形成了事前监测预警、事发信息报告、事中应急处置与舆论引导、事后恢复重建与灾害评估四个阶段为一体的应急管理机制。

三、课堂习题

“非典”事件反映了我国当时的公共危机管理存在哪些问题？

第六节　十八大以来我国应急管理体系

一、案例描述：2020年福建省泉州市欣佳酒店“3·7”坍塌事故①

（一）事故发生背景

1. 社会背景

2019年末新冠肺炎疫情暴发，该疫情传播程度和严重性很高，从允许部分人员流动开

① 根据中华人民共和国应急管理部. 福建省泉州市欣佳酒店“3·7”坍塌事故调查报告公布［EB/OL］.（2020-07-14）［2021-07-30］. https://www.mem.gov.cn/xw/bndt/202007/t20200714_355829.shtml；中央纪委国家监委网站. 电视专题片《正风反腐就在身边》第三集《坚守铁规》［EB/OL］.（2021-01-23）［2021-07-30］. http://v.ccdi.gov.cn/2021/01/23/VIDEncZOL6Sp4XL3x0KC2OBo210123.shtml. 等资料编写。

始，各地下发防疫规定，有旅居史的人员都需要先进行隔离。2020 年 1 月 28 日，泉州市政府维稳组与欣佳酒店签订协议，1 月 30 日经泉州市疫情防控指挥部确定，租用欣佳酒店第六层为临时住宿场所。同日，常泰街道办事处将其确定为该街道的集中隔离健康观察点。2 月份以来，复工复产正有序进行，疫情防控要求提高，泉州市鲤城区疫情防控指挥部要求，自 2 月 18 日起由湖北、浙江温州等地来鲤人员，一律由所属街道安排在集中隔离健康观察点观察 14 天。2 月 24 日，鲤城区决定将欣佳酒店作为区级集中隔离健康观察点，并安排区直机关干部担任“点长”，安排民警和医务人员进驻，实行封闭管理。截至事故发生前，欣佳酒店累计接收集中隔离观察人员 91 人，累计解除观察 33 人，事发时尚有集中隔离观察人员 58 人。

2. 施工背景

欣佳酒店建筑物位于泉州市鲤城区常泰街道上村社区南环路 1688 号，建筑面积约 3363.3 m^2，归泉州市新星机电工贸有限公司所有，但未取得不动产权证书。杨某锵是其法定代表人、执行董事兼总经理。该公司在未依法履行任何审批程序的情况下，于 2012 年 7 月，在涉事地块新建一座四层钢结构建筑物（一层局部有夹层，实际为五层）。2016 年 5 月，在建筑物内部增加夹层，由四层（局部五层）改建为七层。2017 年以前每一层都是开阔的大厅，2017 年决定在楼内开设酒店，2018 年 6 月开业，共装修 80 间房。四层、五层、六层为欣佳酒店客房，每层 22 间，共 66 间；七层为酒店员工宿舍，共 14 间。

2020 年 1 月 10 日上午，装修工人在对 1 根钢柱实施板材粘贴作业时，发现钢柱翼缘和腹板发生严重变形，随即将情况报告给杨某锵。杨某锵检查发现另外 2 根钢柱也发生变形，要求工人不要声张，并决定停止装修，对钢柱进行加固，因受春节假期和疫情影响，未实施加固施工。

3 月 1 日，杨某锵组织工人进场进行加固施工时，又发现 3 根钢柱变形。3 月 5 日上午，开始焊接作业。3 月 7 日 17 时 30 分许，工人下班离场。至此，焊接作业的 6 根钢柱中，5 根焊接基本完成，但未与柱顶楼板顶紧，尚未发挥支撑及加固作用，另 1 根钢柱尚未开始焊接。3 月 7 日 19 时 14 分，建筑物整体坍塌。

（二）事故发生过程

1. 事故的爆发

2020 年 3 月 7 日 17 时 40 分许，欣佳酒店一层大堂门口靠近餐饮店一侧顶部一块玻璃发生炸裂。7 日 18 时 40 分许，酒店一层大堂靠近餐饮店一侧的隔墙墙面扣板出现 2 ~ 3 mm 宽的裂缝。19 时 6 分许，酒店大堂与餐饮店之间钢柱外包木板发生开裂。19 时 9 分许，隔墙鼓起 5 mm；2 ~ 3 分钟后，餐饮店传出爆裂声响。19 时 11 分许，建筑物一层东侧车行展厅隔墙发出声响，墙板和吊顶开裂，玻璃脱胶。19 时 14 分许，目击者听到幕墙玻璃爆裂巨响。19 时 14 分 17 秒，欣佳酒店建筑物瞬间坍塌，历时 3 秒。事发时楼内共有 71 人被困，其中外来集中隔离人员 58 人、工作人员 3 人（1 人为鲤城区干部、2 人为医务人员）、其他入住人员 10 人（2 人为欣佳酒店服务员、5 人为散客、3 人为欣佳酒店员工朋友）。

2. 事故的处置

事故发生后，党中央、国务院高度重视，习近平总书记第一时间作出重要指示，要求全力抢救失联者，积极救治伤员；强调当前全国正在复工复产，务必确保安全生产，确保不发生次生灾害。李克强总理立即作出重要批示，要求全力搜救被困人员，及时救治伤员，并做好救援人员自身防护，尽快查明事故原因并依法问责。应急管理部、住房和城乡建设部等有关部门派出工作组连夜赶赴现场，指导地方抢险救援、事故调查和善后处置等工作。国家卫生健康委调派医疗卫生应急专家组，支援当地开展伤员救治等卫生应急处置工作。

3 月 7 日 19 时 35 分，泉州市消防救援支队所属力量首先赶到事故现场，立即开展前期搜救。应急管理部党组书记黄明在部指挥中心持续调度现场救援情况，贯彻落实中央领导同志重要指示批示要求，研究处置措施，部署抢险救援工作。最终统计参与救援的包括综合性消防救援队伍、国家安全生产专业救援队伍、地方专业队伍、社会救援力量、志愿者等共计 118 支队伍、5176 人。

3 月 7 日 21 时，应急管理部视频连线现场、紧急调度。由国务院安委办副主任付建华会同住建部副部长易军率领的应急管理部与住建部联合工作组，于 3 月 8 日凌晨 2 时到达福建省泉州市欣佳酒店“3・7”坍塌事故现场，指导地方全力开展抢险救援工作。

3 月 8 日，泉州市鲤城区召开欣佳酒店坍塌事故救援处置新闻发布会，宣布成立事故调查组以查清事故发生原因，追究相关责任人责任。

3 月 10 日，在国务院联防联控机制新闻发布会上，应急管理部副部长、党组成员尚勇介绍，初步了解这是一起生产安全责任事故，酒店违法建设，多次违规改建，暴露出地方有关方面安全生产监管责任不落实，长期造成安全风险隐患的漏洞和盲区。待救援基本结束后，将全面开展事故调查，迅速查明原因，严格依法依规追究事故责任人相关责任。

3 月 11 日，泉州市政府召开新闻发布会，通报事故救援情况。在发布会上，泉州市常务副市长洪自强介绍，经初步调查，欣佳酒店在建设、改造和审批等方面存在严重问题。现已经将相关证据收集固化，对相关责任人员采取强制措施、财产保全措施。初步调查情况将上交上级调查组。

经 112 小时全力救援，至 3 月 12 日 11 时 4 分，人员搜救工作结束，搜救出 71 名被困人员，其中 42 人生还、29 人遇难。

3. 事故的恢复

3 月 12 日，国务院批准成立国务院事故调查组进行提级调查，国务院安委会办公室副主任付建华任组长。

3 月 13 日，国务院福建省泉州市欣佳酒店“3・7”坍塌事故调查组第一次全体会议在福建泉州召开，国务院安委会办公室副主任、事故调查组组长付建华主持会议。会议指出，据初步调查，该项目未履行基本建设程序，无规划和施工许可，存在非法建设、违规改造等严重问题，特别是房屋业主发现房屋基础沉降和承重柱变形等重大事故前兆，仍然心存侥幸、继续违规冒险经营；地方相关职能部门监管不到位、“打非治违”流于形式，导致安全关卡层层失效，最终酿成惨烈事故。

7 月 14 日，福建省泉州市欣佳酒店“3・7”坍塌事故调查报告公布。坍塌事故造成 29 人死亡、42 人受伤，直接经济损失 5794 万元。国务院事故调查组认定，此次事故是一起重大生产安全责任事故。围绕这起事故，纪检监察机关对 49 名公职人员进行了追责问责，其中 7 人涉嫌严重违纪违法，被移送司法机关追究刑事责任，41 人受到党纪政务处分，1 人受到诫勉。在这 49 人中，从杨某锵处收受过财物的人只有少数几人，绝大多数人并没有利益关联，却由于工作不认真不尽责共同造就了这座违法违规的夺命建筑。形式主义、官僚主义这种隐性作风问题难以发现和整治，一旦显现出来又往往容易酿成严重后果，必须警钟长鸣。

（三）事故原因分析

1. 直接原因

事故发生的直接原因是企业违法违规经营。欣佳酒店从 2012 年地基开挖的第一天起，就是一栋违章建筑。2012 年 7 月，杨某锵在没有办理任何法定手续的情况下开工建设一栋四层钢结构建筑，并将工程包给无资质人员。为使该违法建设“符合政策”，申报鲤城区特殊情况建房并获批同意，该违法建筑未经竣工验收备案即可投入使用。2016 年 5 月，私自违法改建，在欣佳酒店建筑物内部增加夹层，由四层（局部五层）改建为七层。正是这次改建，埋下了最终导致建筑坍塌的重大隐患。福建省泉州市住建局总工办副主任谢永明说：“从四层增加到七层，使得这整个建筑的重量从 31100 kN 增加到 52100 kN，这样子就超过它柱子的极限承载能力了，所以说已经处于一个坍塌的临界状态。”至 2020 年 1 月 10 日，杨某锵对建筑局部重新装修时，发现有 3 根钢柱严重变形。杨某锵却要求工人不要声张。杨某锵毫无安全意识和责任心，自认为加固一下就没有问题，未依法办理加固工程质量监督手续，违法组织无资质的施工人员对钢柱进行加固焊接作业，引发钢柱失稳破坏。这两次改建、加固最终导致建筑物整体坍塌，是事故发生的直接原因。

2. 间接原因

间接原因包括第三方机构失职、地方党委政府依法行政意识淡薄、监管部门严重失职失责、公安部门审批把关层层失守、形式主义问题突出等。

第一，第三方机构失职，为杨某锵违法行为的进行提供了便利。

福建省建筑工程质量检测中心有限公司在已发现欣佳酒店建筑物钢柱、钢梁构件表面无防火涂层等情况下，依据杨某锵提供的施工白图开展鉴定，用结构正常使用性鉴定代替结构安全性鉴定，以满足杨某锵办理特种行业许可证的需要。福建超平建筑设计有限公司在未取得欣佳酒店提供的政府有关部门关于该酒店装修工程的批准文件、全套施工图等资料情况下，违规承接欣佳酒店装修工程施工图、消防设计图纸审核业务，并出具《施工图设计文件审查报告》，报告中法定代表人、技术负责人等 5 人签字均由晋江市分公司负责人冒签。福建省泰达消防检测有限公司在欣佳酒店未提供消防施工单位竣工图、设计图纸等资料情况下，组织消防设施检测，出具建筑消防设施检测报告。福建省亚厦装饰设计有限公司在无相关资质情况下，承接欣佳酒店施工图、消防工程设计等图纸修改业务，组织人员绘制相关图纸，并将图框中的设计单位由湖南大学设计研究院修改为广东弘业建筑设计有限公司。湖南大学设计研究院对其福建分公司疏于管理，明知福建分公司私刻公章并以该院名义从事相关经营活动，未及时制止。明知福建分公司工商营业执照被吊销，但未督促负责人及时注销，未出具解除与福建分公司及其负责人关系的法律文件。

第二，地方党委政府依法行政意识淡薄。

鲤城区在明知违反国家建设和土地有关法律法规规定的情况下，以不印发文件、不公开发布的形式，违规出台并实施“特殊情况建房”政策，以“特殊情况建房”领导小组会议意见代替行政审批，越权批准欣佳酒店建筑物等违法建设项目，致使大量未经安全审查、不符合安全条件的建筑披上了“符合政策”的外衣并长期存在。常泰街道明知欣佳酒店建筑物违规，却同意上报为“特殊情况建房”。时任福建省泉州市鲤城区副区长“特殊情况建房”领导小组成员陈某水说：“为了经济发展，就通过它了，就没有强行要求他把它拆掉，变成政府研究同意他违章盖房了。”有了这个挡箭牌，杨某锵的违章建筑顺利建起来了，未经竣工验收备案就投入了使用，相关部门也没有进行后续的督促监管。

第三，监管部门严重失职失责。

2016 年 5 月的违法改建历时好几个月，各种砂石材料运进运出，动静并不小，欣佳酒店就在路边，城管执法中队每天都有巡查任务，但该辖区的城管执法中队竟然并未发现这个情况，工作中的形式主义严重。各级住建部门对建筑活动和工程质量负有监管主体责任，但对于欣佳酒店建筑的长期违法违规行为，从未发现和查处。另外，欣佳酒店建筑最初建成后，必须经过竣工验收消防备案才能使用，当时消防备案采取的是抽检制度，欣佳酒店本身就是一栋违章建筑，一旦被抽中肯定通不过。杨某锵找到消防部门干部刘某礼帮忙，刘某礼收受了杨某锵 10 万元贿赂，就采取一些手段使得他没有被抽中检查，自动审核通过。城管、住建、消防几个部门负有直接监管责任，但却没有起到监管作用，长期如此造成安全风险隐患的漏洞和盲区，是事故发生的重要原因。

第四，公安部门审批把关层层失守。

到 2018 年，杨某锵对建筑加层改建之后打算开酒店，就必须再次经过竣工验收消防备案，拿到消防安全检查合格证，才能到公安部门申请特种行业许可证。杨某锵伪造施工单位资质证书、公章、法定代表人身份证以及签名等资料，假冒施工单位；使用私刻的资质章、出图章，假冒设计单位；伪造不动产权证书（复印件）、建筑工程施工许可证、建设工程竣工验收报告等虚假资料，用于向原泉州市公安消防支队申办欣佳酒店建筑物（原四层建筑）消防设计备案、消防竣工验收备案和公众聚集场所投入使用、营业前消防安全检查合格证等手续。

杨某锵向公安部门提交的申报材料存在严重造假和多项缺失，如果认真审核绝不可能获批，但从窗口到专管民警到副大队长到副局长，每个经手的人都没有认真审核。收件窗口是第一关，按照职责要对材料进行核验，只要和消防合格证发证单位联系一下，请对方查一下编号，立刻就能鉴别真假，但窗口工作人员实际上却只收件、不核验。随后的第二关是到现场检查，但也变成了走过场。时任福建省泉州市公安局鲤城分局治安大队一中队指导员吴某晓是负责现场检查的治安专管民警，在后续调查中，从他现场填写的检查验收意见表中可以看出他的工作状态漫不经心。没有房产证他写上了房产证，并且吴某晓是检查人，应当签署在检查人一栏，他写在了被检查人一栏，签反了都没人发现。这张有着明显错误的验收意见表和杨某锵提供的存在诸多问题的材料，随后又经过了鲤城公安分局治安大队领导、分管副局长两级审批，但他们都是随便翻了翻就直接签字，这样的工作作风让逐级把关的制度设计失去了意义。杨某锵就这样获得了特种行业许可证。

第五，形式主义问题突出。

2019 年，福州市发生一起房屋倒塌事故，省委省政府部署立即对全省房屋质量进行一次专项排查。但鲤城区相关部门并没有真正落实到位，只是层层发文向下布置，最后竟变成了让房屋业主自查。福建省泉州市纪委监委工作人员李翔毅说："下压给了社区，就是让社区的人去检查，社区的人拿一张表格给他们，让他们自己填，这种方式肯定是检查不出问题的，就是为了应付上面布置的任务走形式。"同时事故发生前三天，杨某锵组织工人到酒店开始进行焊接加固作业，当时处于疫情防控及复工复产的关键阶段，工人连续三天随意进出施工，也无人来过问，防疫管理也显然是严重流于形式。

二、案例应用：应急管理体系和能力现代化建设

应急管理能力和水平是国家治理现代化的重要标志之一。党的十八大以来，在习近平总书记的战略指引下，我国应急管理体系实现了里程碑式的发展①。党的十八届三中全会提出了完善和发展中国特色社会主义制度、推进国家治理体系和治理能力现代化的全面深化改革总目标，应急管理被明确为国家治理体系和治理能力的重要组成部分，"推进应急管理体系和能力现代化"成为我国应急管理工作的总目标。2019 年 10 月，党的十九届四中全会审议通过的《中共中央关于坚持和完善中国特色社会主义制度　推进国家治理体系和治理能力现代化若干重大问题的决定》，就"健全公共安全体制机制"作出部署，强调"构建统一指挥、专常兼备、反应灵敏、上下联动的应急管理体制，优化国家应急管理能力体系建设"。2019 年 11 月 29 日，十九届中央委员会政治局就我国应急管理体系和能力建设进行第十九次集体学习，习近平总书记在主持学习时强调，要发挥我国应急管理体系的特色和优势，积极推进我国应急管理体系和能力现代化。2020 年 1 月 6—7 日召开的全国应急管理工作会议提出："奋力推进应急管理体系和能力现代化，全面建设党和人民信得过的队伍，为保护人民群众生命财产安全和维护社会稳定，实现'两个一百年'奋斗目

① 薛澜．学习四中全会《决定》精神，推进国家应急管理体系和能力现代化［J］．公共管理评论，2019，1（3）：33－40.

标和中华民族伟大复兴的中国梦不懈奋斗”。2020 年泉州欣佳酒店坍塌事故就是在这样的背景下发生的。以下从管理环境、管理目标、管理主体、管理制度四个方面对该案例进行分析，从中探讨十八大以来我国如何进行应急管理体系和能力现代化建设。

（一）管理环境：人类命运共同体视角下的思考

2020 年福建省泉州市欣佳酒店“3·7”坍塌事故发生在新型冠状病毒性肺炎（Corona Virus Disease 2019，COVID－19）全球大流行背景下，具有以下环境特征。首先，随着改革开放不断深入，我国正处在一个经济体制深刻变革、社会结构深刻变动、利益格局深刻调整、思想观念深刻变化的大转型时代，社会自主空间在不断发展壮大，社会力量和市场机制在国家治理中的作用更加凸显，以公民为代表、以民间组织或社会组织为基础的社会系统迅速崛起。在案例中，社会组织力量积极参与应急救援过程，同时公众也通过社交媒体等途径积极关注救援、调查等应急管理过程的进展，对公共危机管理者进行监督。其次，全球化加速发展，社会环境更加开放，复合型危机和危机流动性大大增加，危机的国际关注度也在增加，此次事故必须要慎重考虑的一点就是境外媒体对事件的报道和关注，是否因此影响我国的抗疫成果和抗疫形象，更进一步会影响我国在全球抗疫中的话语权。在全球化进程不断加快，我国日益走近世界舞台中央的过程中，积极参与全球治理，推动全球治理体系变革是中国作为负责任大国的必然选择，应急管理也应该成为构建普遍安全的人类命运共同体的重要组成部分。

（二）管理目标：总体国家安全观视角下的思考

2014 年 4 月 15 日上午，中共中央总书记、国家主席、中央军委主席、中央国家安全委员会主席习近平在主持召开中央国家安全委员会第一次会议时提出，坚持总体国家安全观，走出一条中国特色国家安全道路。国家安全是国家治理能力现代化的重大课题，呼唤公共管理学者站在国家安全的高度，对应急管理进行理论创新。过去，应急管理往往和公共安全相关，总体国家安全观涉及政治安全、国土安全、军事安全、经济安全、文化安全、社会安全、科技安全、信息安全、生态安全、资源安全、核安全等，没有直接提到公共安全。但是，社会安全就涵盖了公共安全。个体安全与公共安全共同构成了社会安全。而且，如果某一风险虽然是对多个公众的安全构成威胁但具有一定的普遍性，则个体社会安全问题就变成了社会公共安全问题。在上述 11 类安全中，任何一个领域出现并积累问题、达到一定程度后，都有可能突破临界点，引发突出事件，对社会公众的生命、健康和财产构成威胁①。因此在总体国家安全观思想的指导下，应急管理的目标发生了变化。在上述案例中可以看到，该事故被界定为重大生产安全责任事故，属于传统安全，但是也应该关注其可能引发的非传统安全问题，如舆情危机、国家形象危机等。

（三）管理主体：组建应急管理部的背景与意义

2003 年以来，在我国第二代应急管理体系中，“枢纽机构抓总＋部门间协调”机制的

① 王宏伟．总体国家安全观下的公共安全与应急管理［J］．社会治理，2015（4）：51－60.

格局尽管发挥了一定的积极作用，但是在机构设置和职能划分等方面尚存在完善空间。第一，统筹机构的权威性不足。突发事件应急管理体制中，作为顶层的应急管理机构的权威性，是保证应急管理工作顺利进行的关键。而“应急办”难以起到综合协调和统一指挥的作用。第二，综合职能部门缺位。很多国外政府除了建立高层政府协调和领导机构外，还建立了专司应急管理的综合性职能部门。如美国“9·11”事件后成立国土安全部（DHS），将原联邦应急管理署（FEMA）划归该部统辖。俄罗斯成立了民防、紧急情况和消除自然灾害后果部（简称紧急情况部），综合应对各类灾难，成为联邦政府的主要部门。我国中央政府赋予国家发展改革委、民政部等部门承担综合应对突发事件的职责，但是此前一直未成立专司应急的政府组成部门。第三，决策制度与规则不够规范。我国的《突发事件应对法》和应急预案对应急管理的决策体系有明确规定，但在实践中由于应急管理职能分散在多个部门，决策制度难以统一，行动规则不易一致，决策核心、决策中枢、指挥机构、协调机构、处置机构多层面决策，系统内部职责划分不够清晰，任务执行、组织支援、协同管理、救援行动等各个环节容易产生脱节，属地管理为主的原则难以落实。第四，区域与国际合作有待加强。突发事件的影响是不会局限在行政区域内部的，甚至超出国界，因此应急管理的区域合作成为各国应急管理体制建设中的一个特色①。

在十三届全国人大一次会议上，国务院总理李克强向大会提请审议《国务院机构改革方案》的议案，建议组建应急管理部。根据2018年3月17日第十三届全国人民代表大会第一次会议批准的国务院机构改革方案，中华人民共和国应急管理部组建。应急管理部整合了以下原政府部门的职责：国家安全生产监督管理总局的职责；国务院办公厅的应急管理职责；公安部的消防管理职责；民政部的救灾职责；国土资源部的地质灾害防治；水利部的水旱灾害防治；农业部的草原防火相关职责；国家林业局的森林防火相关职责；中国地震局的震灾应急救援职责；国家防汛抗旱总指挥部的职责；国家减灾委员会的职责；国务院抗震救灾指挥部的职责；国家森林防火指挥部的职责；中国地震局、国家煤矿安全监察局与防灾救灾联系紧密，划由应急管理部管理。此外，应急管理部还整合了由国家综合性消防救援队伍、各类专业应急救援队伍、社会应急力量以及解放军、武警应急救援队伍等共同组成的应急救援力量。应急管理部在2020年福建省泉州市欣佳酒店“3·7”坍塌事故应急管理中发挥了重要作用。应急管理部组建的意义包括：进一步形成统一指挥与协调联动的应急管理格局；提高社会动员能力与全民参与程度；将常态管理与非常态管理有机结合，等等。

（四）管理制度：应急管理法治化的思考

在管理制度方面，随着党的十八大以来全面依法治国在各领域、各环节的深入推进，应急管理领域也更加强调坚持依法管理，运用法治思维和法治方式提高应急管理的法治化、规范化水平。国家组织制定修订了《国家安全法》《网络安全法》《安全生产法》《反恐

① 高小平，刘一弘．应急管理部成立：背景，特点与导向［J］．行政法学研究，2018（5）：29－38．

怖主义法》《生产安全事故应急条例》等法律法规。中共中央、国务院印发了《关于推进安全生产领域改革发展的意见》《关于推进防灾减灾救灾体制机制改革的意见》等政策性文件。在案例中可以看到，事故调查是在相关法律法规的规定下进行，而事故反思中也提到了要从制度方面预防杜绝此类事故再次发生。

三、课堂习题

1. 应急管理部组建的背景和意义是什么?
2. 结合案例谈谈，应急管理部在应急响应中发挥了什么样的作用?

第二章 公共危机的风险管理

第一节 事故灾难的风险管理

一、案例描述：2019 年江苏响水天嘉宜化工有限公司“3·21”特别重大爆炸事故①

（一）事故发生背景

1. 事故地点

响水县所在的盐城市位于苏北地区。相关资料显示，苏北和苏南虽一江之隔，但两地之间的贫富差距已大于国内东西部的差距。自 1994 年开始，随着经济发展与政策变动，苏南的大批化工企业转移到了苏北。在转移名单上，污染较重的化工、印染、金属电镀等占较大份额。作为盐城市“北三县”之一，响水县被视为苏北的传统贫困区域。由于响水县东沿黄海，北部灌河流经，具有发展化工产业的地理优势，因此成为承接苏南产业转移的主要地区。《响水县 2017 年国民经济和社会发展统计公报》显示，化工、冶金、能源是响水县的三大主导产业。天嘉宜化工有限公司位于响水县陈家港镇，陈家港镇地处灌河以南，而灌河被誉为“苏北黄浦江”。灌河东西两侧密集分布多家化工企业，集中于三大化工园区内。天嘉宜化工有限公司所在的化工园区起初叫“盐城市陈家港化学工业园区”，后又改为“陈家港化工集中区”，最后定名为“江苏响水生态化工园区”。

响水生态化工园区规划面积 10 km^2，已开发使用面积 7.5 km^2，现有企业 67 家，其中化工企业 56 家。事故发生时，园区有 7 家化工企业正在生产经营，其余处于停产状态。园区设有管委会，管委会、党工委和开发公司三块牌子一套班子，负责园区日常管理工作，隶属于响水县政府，负责人由响水县委任命，行政级别为正科级。当地此前就发生过多起化工企业安全事故。2007 年 11 月 27 日，江苏联化科技有限公司发生爆炸事故，造成

① 根据中华人民共和国应急管理部. 江苏响水天嘉宜化工有限公司“3·21”特别重大爆炸事故调查报告［EB/OL］.（2019－11－15）［2021－07－30］. https://www.mem.gov.cn/gk/sgcc/tbzdsgdcbg/2019tbzdsgcc/201911/P020191115565111829069.pdf；中央纪委国家监委网站. 电视专题片《正风反腐就在身边》第一集《政治监督》［EB/OL］.（2021－01－21）［2021－07－30］. http://v.ccdi.gov.cn/2021/01/21/VIDEa3BEhDNCjoFqk0nrzuO5210121.shtml；启信宝. 江苏天嘉宜化工有限公司［EB/OL］.［2021－07－30］. https://www.qixin.com/warn/0e296c52－92d1－40fb－8e79－77917eb38eb7? section=punishment. 等资料编写。

8 人死亡。2010 年 11 月 23 日，江苏大和氯碱化工公司发生氯气泄漏事故，导致 30 余人中毒。2011 年 5 月 18 日，南方化工厂发生重大火灾事故，并于 7 月 26 日再次发生爆炸并引发火灾。2018 年 4 月，生态化工园区因环境污染问题被中央电视台《经济半小时》栏目曝光，江苏省原环保厅建议响水县人民政府对天嘉宜化工有限公司在内的整个生态化工园区责令停产整治。2018 年 6 月 5 日至 7 月 5 日，中共中央第四环境保护督察组对江苏开展“回头看”，2018 年 10 月的反馈意见中提到：“连云港市灌云县临港产业区、灌南县化工产业园、盐城市响水生态化工园区等化工园区企业废气收集处理设施建设不到位、运行不正常现象普遍，园区异味明显。全省 12 家石化企业，仍有 9 家未按整改方案要求安装挥发性有机物环境监测设施。”2018 年 9 月，响水县复产办组织环保、安监、发改、经信、国土、住建、规划、市场监管、电力、消防、园区管委会等 11 个部门（机构）对停产企业进行复产验收，包括天嘉宜化工有限公司在内的 10 家企业通过验收后陆续复产。

2. 涉事企业

天嘉宜化工有限公司成立于 2007 年 4 月 5 日，原名为“江苏倪家巷化工有限公司”，位于江苏省江阴市，2009 年因太湖蓝藻污染事件搬迁至江苏响水生态化工园区。主要负责人由其控股公司倪家巷集团委派，重大管理决策需倪家巷集团批准。企业占地面积 14.7 万 m^2，注册资本 9000 万元，员工 195 人，主要产品为间苯二胺、邻苯二胺、对苯二胺、间羟基苯甲酸、对甲苯胺、均三甲基苯胺等，主要用于生产农药、染料、医药等。

天嘉宜化工有限公司法定代表人为陶某明（公司副总经理兼硝化车间主任），实际控制人为总经理张某岳（2017 年 1 月 24 日因污染环境罪被判处有期徒刑一年六个月、缓刑两年）。天嘉宜化工有限公司分设安全科和固废焚烧中心、污水处理中心，负责企业安全生产和环保相关工作。安全科由副总经理陶某明分管，固废焚烧中心、污水处理中心由负责环保的副总经理杨某分管，固体废物由固废焚烧中心负责管理。

2012 年，天嘉宜化工有限公司曾因偷运偷埋化学废料 100 余吨，严重污染环境，被处罚 100 万元人民币。2014 年 10 月，因违法将固体废物埋入厂区内 5 处地点，受到行政处罚。2016 年 7 月因将危险废物储存在其他公司仓库造成环境污染，再次受到行政处罚。2016 年 8 月，固废和废液焚烧项目建成投入使用，未按响水县环保局对该项目环评批复核定的范围，以调试、试生产名义长期违法焚烧硝化废料，每个月焚烧 25 天以上。至事故发生时固废和废液焚烧项目仍未通过响水县环保局验收。2017 年 9 月，因违反大气污染防治管理制度和违反固体废物管理制度，被江苏省盐城市响水县环保局予以罚款处罚。2017 年，还因安全生产违法违规，3 次受到响水县原安监局行政处罚。2010—2017 年，在未取得规划许可、施工许可的情况下，擅自在厂区内开工建设包括固废仓库在内的 6 批工程。2018 年 5—7 月，天嘉宜化工有限公司由于违反固体废物管理制度、大气污染防治管理制度等，先后被响水县环境保护局处罚三次，共计罚款 121 万元。

天嘉宜化工有限公司从 2010 年至事故发生前，被各部门连续罚款，但涉事企业仍有极强的机会主义行为倾向，屡罚屡犯。

（二）事故发生过程

1. 事故的爆发

天嘉宜化工有限公司旧固废库和新固废库总建筑面积 2292 m^2，均为单层建筑。两库之间无通道，用高约 2 m 的砖墙和钢结构及彩钢板分隔。3 月 21 日 14 时 45 分 35 秒，天嘉宜化工有限公司旧固废库房顶中部冒出淡白烟，随即出现明火且火势迅速扩大。14 时 48 分许，爆炸发生。

2. 事故的处置

14 时 52 分，盐城市消防救援支队响水县大队接到报警。数个小时后，江苏全省 12 个市消防救援支队，共 73 个中队、930 名消防救援人员、192 辆消防车和 9 台重型工程机械陆续增援。应急管理部立即启动应急响应，主要负责人在部指挥中心调度了解救援情况，与现场视频连线。15 时 50 分许，火势得到初步控制，生态环境部门开展应急监测工作。已经有爆炸中的伤者陆续送医，医院领导也接到了相关指令，全力收治伤员。至 17 时，事故现场仍有浓烟。17 时 34 分，响水县委宣传部发布《响水天嘉宜化工爆炸情况汇报》，通报相关情况。19 时，省消防救援总队人员到场。19 时 32 分，江苏省环境厅启动应急响应程序。20 时 30 分，盐城市生态环境局通报：事故产生的浓烟对空气质量产生较大影响，但现场扩散条件较好；事故地点下游没有饮用水源，群众饮水安全不受影响。

3 月 22 日凌晨 1 时 30 分，应急管理部工作组到江苏盐城指导救援处置工作。这也是自应急管理部组建以来，应急管理部党组书记首次率工作组奔赴现场指导应急救援。3 时，消防救援队伍共从现场搜救出 88 人，其中 12 人死亡。现场火势已得到控制。早上 5 时许，天嘉宜化工有限公司的储罐和其他企业等 8 处明火被全部扑灭，未发生次生事故。截至 10 时，已有三批医疗专家组赶赴现场开展工作。14 时 15 分，国务院成立江苏响水天嘉宜化工有限公司“3・21”特别重大爆炸事故调查组，应急管理部党组书记、副部长黄明同志任组长，先一步展开调查。随后中央派遣国务委员王勇赴事故现场指导救援工作并看望慰问受伤群众。中央纪委国家监委也第一时间成立事故责任追究审查调查组赶赴响水，与国务院事故调查组密切沟通对接。

3 月 23 日 14 时 5 分，国务院江苏响水天嘉宜化工有限公司“3・21”特别重大爆炸事故调查组召开第一次全体会议。会议提出明确要求：扎实细致做好事故调查工作，尽快查明事故原因、严肃追究责任；按照“科学严谨、依法依规、实事求是、注重实效”和“四不放过”的原则，客观公正地对事故发生的经过和原因进行分析判断。

3 月 24 日 17 时，响水爆炸事故环境应急处置转入监测与治理阶段。24 时，失联人员全部找到，救出 86 人，搜寻到遇难者 78 人。

3. 事故的恢复

3 月 22—25 日下午盐城市分别召开四次江苏响水天嘉宜化工有限公司“3・21”特别重大爆炸事故新闻发布会。会上通报了最新的救援疏散情况、环境污染情况、善后工作情况等。23 日第三次新闻发布会时说明了 72 小时黄金救援时间内的救援情况，当时大部分企业已完成搜救。搜救工作算是告一段落。

至4月15日，危重伤员、重症伤员经救治全部脱险。生态环境部门对爆炸核心区水体、土壤、大气环境密切监测，实施堵、控、引等措施，未发生次生污染。

8月25日，除残留在装置内的物料外，生态化工园区内的危险物料全部转运完毕。

11月15日，事故调查报告公布，经国务院调查组认定，这是一起特别重大生产安全责任事故。事故造成78人死亡、76人重伤，640人住院治疗，直接经济损失19.86亿元。造成的伤亡及财产损失较大，并造成周边企业停产、学校停课、供电受到影响、环境污染等不良后果。

（三）事故原因分析

1. 直接原因

天嘉宜化工有限公司无视国家环境保护和安全生产法律法规，长期违法违规储存、处置硝化废料，企业管理混乱，是事故发生的直接原因。

第一，长期违法违规储存、处置硝化废料。首先，绝热条件下，硝化废料的储存时间越长，越容易发生自燃。天嘉宜化工有限公司明知其危险性，却为了节省每月100万元的处理费用，将硝化废料违法储存于旧固废库中，共计约600吨袋（1吨袋可装约1 t货物），最长储存时间超过7年，并且旧固废库内堆垛紧密、通风不良，长期违法储存的硝化废料持续积热升温后导致自燃，燃烧引发硝化废料爆炸。其次，2014—2018年数次被罚仍不悔改，据天嘉宜化工有限公司法定代表人陶某明、总经理张某岳（企业实际控制人）、负责环保的副总经理杨某等供述，硝化废料在2018年10月复产之前不贴“硝化粗品”标签，为应付环保检查硝化废料就被要求贴上“硝化粗品”标签，在旧固废库硝化废料堆垛前摆放“硝化半成品”牌子，“其实还是公司产生的危险废物”。

第二，企业管理混乱。在实际控制人张某岳犯罪判刑不具备担任主要负责人法定资质的情况下，让硝化车间主任挂名法定代表人，严重不诚信。实际负责人未经考核合格，技术团队仅了解硝化废料着火、爆炸的危险特性，对大量硝化废料长期储存引发爆炸的严重后果认知不够，不具备相应管理能力，安全生产管理混乱。

2. 间接原因

第三方机构弄虚作假、党委政府失职渎职是事故发生的间接原因。

首先，中介机构弄虚作假，出具虚假失实文件，导致事故企业硝化废料重大风险和事故隐患未能及时暴露，干扰误导了有关部门的监管工作。

第一，环境影响评价机构弄虚作假。苏州科太环境技术有限公司，2017年7月为天嘉宜化工有限公司编制的《建设项目变动环境影响分析报告》认为，冷却结晶回收混二硝基苯能够达到预期效果，“项目变动后废水处理方式发生变化，回收了部分物料，不属于重大变动”，与天嘉宜化工有限公司的实际情况不符，报告内容严重失实。该报告意见是盐城市原环保局通过项目现场验收的依据之一。江苏省环境科学研究院，2017年5月受天嘉宜化工有限公司委托编制《固体废物污染防治专项论证报告》，将此工作转包给盐城市海西环保科技有限公司，但仍以江苏省环境科学研究院的名义出具论证报告。江苏省环境科学研究院环境科技有限责任公司为江苏省环境科学研究院的全资子公司，2018 年 6 月在为天嘉宜化工有限公司编制《环保设施效能评估及复产整治报告》时，未对旧固废库内的危险废物种类、成分、来源及储存时间进行查验，出具报告与事实严重不符，导致天嘉宜化工有限公司在没有满足环保条件的情况下复产。盐城市海西环保科技有限公司编制《固体废物污染防治专项论证报告》过程中，天嘉宜化工有限公司副总经理杨某和总工程师耿某没有将硝化废料问题写入论证报告，论证报告与实际情况严重不符。此论证报告作为环保部门危险废物管理、执法的基础依据。盐城市环境监测中心站，2015 年、2017 年两次为天嘉宜化工有限公司出具的建设项目竣工环境保护验收监测报告，均未对现场固废仓库的危险废物进行查验，未对硝化工段的工艺进行全流程核查，没有发现硝化工段废水处理工艺流程的重大变更。验收监测报告与事实严重不符。

第二，安全评价机构不履职尽责。江苏天工大成安全技术有限公司 2018 年 9 月为天嘉宜化工有限公司进行复产综合性安全评价时，安全条件检查不全面、不深入，评价报告与实际情况严重不符，事故隐患整改确认表未签字确认。

第三，设计、施工、监理、设施检测维保等机构弄虚作假。江苏弘盛建设工程集团有限公司规划建筑设计研究院无设计资质，却以其名义出具固废仓库设计图纸。江苏中建建设研究院绘制的天嘉宜化工有限公司固废和焚烧技改项目施工图总体布置图与实际不符。盐城正鼎房屋安全鉴定有限公司在新固废库的轴梁、柱等结构布置与设计图纸不符的情况下，出具了合格的鉴定报告。江苏巨安消防工程有限公司在未取得消防设施维护保养检测机构资质的情况下，违规开展消防技术服务活动，从业人员不具备执业资格，未按规定建立和保管消防技术服务档案。盐城大丰市建设工程施工图审查中心出具的固废和废液焚烧项目施工图总平面布置图与现场不符，出图手续不齐。

其次，党委政府失职渎职，主要表现在以下几个方面。

第一，地方党委政府贯彻落实中央决策部署不坚决、不到位。

响水生态化工园区建于 2002 年，当时大多是引进其他地区淘汰的企业，规模小，层次低，安全隐患突出，十多年过去了，显然已不适应新时代的要求，但各级党委政府落实新发展理念明显不到位。既没有下决心让其关停退出，也没有及时采取有效措施整改提升。2017 年 1 月，江苏省开展专项行动，要求对全省化工企业关停一批、转移一批、升级一批和重组一批。但省市县三级都存在部署多行动少的问题。2018 年，盐城市研究决定取消响水生态化工园区，甚至已经和省财政厅协调落实了补偿资金，但响水县一直拖而不办，直到拖出了大事故。时任响水县副县长张某荣说："中央三番五次提出来要高质量发展，我们江苏也是很早就提这个事情了，完全可以叫他早早出局，但是没有下这个决心。"看似突如其来的事故，其实回头追溯，悲剧一步步铸成的轨迹清晰可见。

第二，在贯彻落实党中央决策部署过程中存在形式主义、官僚主义。

天嘉宜化工有限公司总经理张某岳，2017 年就因偷埋废料被判处有期徒刑一年零六个月，缓期两年执行，但缓刑期间他仍然实际控制着天嘉宜化工有限公司。该公司也因各种违法问题屡受处罚，对于这样一家有诸多不良记录的企业，本应重点防范风险，但事实上监管却流于形式。中央纪委国家监委第十一监督监察室副主任张越说道：“七年之久，相关的监管部门，应该说是多次到企业去检查，严重的存在形式主义、官僚主义，检查很多却没有成效。”

在接受调查时，起初各部门纷纷推卸责任，都说与自己无关。时任响水县应急管理局局长孙某说：“这个我们从来都没查过，这应该是环保部门查。”时任盐城市生态环境局党组成员、环境监察局局长王某涛说：“这应该是其他部门管，哪个部门我也说不清楚，但是反正肯定不是环保部门。”响水县应急管理局甚至还事先组织排练预想调查组会问哪些问题，在纸上列出统一口径，要求本局人员都照此回答，表现出明显的对抗组织调查的意图。之所以要推卸责任，就是明知自己负有责任，硝化废料既是危险化学品又是固体废物，应急管理部门和生态环境部门负有最直接的监管责任，并且两家的多名执法人员后来承认到企业检查时都看到过这些硝化废料，但却都没有重视。

2018 年响水县新设立响水生态化工园区安全生产监督管理局，就在园区内办公，意在落实日常监管，但从安全记录本中可以看出，一些工作人员态度极度不负责任，根本不到企业实地检查，就坐在办公室里凭空填写。江苏省纪委监委工作人员丁某说：“3 月 21 日下午两点多，天嘉宜化工有限公司爆炸了，但是安全生产监督管理局的安全记录已经记到了当天下午六点多钟，还是写的没问题。”2018 年 1 月，原国家安全生产监督管理总局组织专家专程到天嘉宜化工有限公司进行安全检查，发现十多条安全隐患，要求江苏省督促全面整改并进行处罚。原江苏省安全生产监督管理局发文要求予以停产整改，但原响水县安全生产监督管理局弄虚作假，根本没有让天嘉宜化工有限公司停产，而是伪造了一整套执法文书，向上级报告已停产整改完毕。

且自 3 月 1 日至 14 日，当地政府先后 4 次提及有关工业安全生产等问题，并曾要求县内工业企业全力抓好安全生产工作，全面排查整改各类隐患。在爆炸发生的当天上午，响水县安全生产委员会还召集全县重点企业主要负责人开展了“安全生产培训专题讲座”。会开了不少，却没有落到实处。

官僚主义、形式主义尽显。本来都能管，都该管，实际却变成了都不管，监管流于形式，罚款对于天嘉宜化工有限公司来说毫无约束力，企业膨胀的逐利心遇上执法者萎缩的责任心，风险在暗处悄然累计。

第三，仍然存在一些危害人民群众切身利益的腐败问题。

被判刑的 15 名公职人员，都被发现收受过化工企业的现金、购物卡、礼品等。时任响水县环境保护局局长温某松就曾收受天嘉宜化工有限公司总经理张某岳的 10 万元现金贿赂，执法立场自然再难端正。个别人为了利益甚至主动帮企业隐瞒问题。例如时任响水县环境监察局办事员圣某亮，从 2011 年起就具体负责天嘉宜化工有限公司环境监察工作，为了承接工程捞好处，主动建议企业违法铺设暗管，从中收取好处费和封口费 30 多万元。

2016年天嘉宜化工有限公司偷偷填埋硝化废料被群众举报，圣某亮不仅没去现场察看，也没有对企业立案处罚。同年6月，中央环保督察组来巡视，圣某亮私下和企业通气，让他们自己赶紧挖出来就算了结。

二、案例应用：安全生产的风险因素

乌尔里希·贝克将后现代社会诠释为风险社会，其主要特征在于：人类面临威胁其生存的由社会所制造的风险。我们身处其中的社会充斥着组织化不负责任的态度，尤其是风险制造者以风险牺牲为代价来保护自己的利益。这体现在各类灾难事件的发生中。

一般来说，风险就是指不利事件发生的概率。风险管理属于危机管理的一个阶段，是指对一定概率的不利事件进行评估、防范、准备和控制的一整套行动。其中风险评估是风险管理的关键环节，即对有关风险进行预先识别、分析和评价，达到减缓风险的目的，对风险因素的成功预防很大程度上可以有效避免危机的发生。

事故灾难类突发事件的风险管理通常涉及企业和政府两大责任主体。尤其对于化工企业，危险源往往存在于企业生产、经营、使用的方方面面，所以风险管理的主要责任主体还是企业。在2019年江苏响水天嘉宜化工有限公司“3·21”特别重大爆炸事故中，根据事故发生过程及原因回溯，风险在企业膨胀的逐利心面前逐渐累积而叠加爆发，造成惨痛后果与舆论聚焦，值得我们深入反思。在此次事故中，存在以下风险因素。

（一）企业方面的风险因素

天嘉宜化工有限公司内部风险意识极其薄弱，企业社会责任感缺失并表现出极强的机会主义行为倾向。主要表现为企业在逐渐膨胀的逐利心面前逃避环保责任，在管理上任用无资质负责人，专业知识与管理能力缺乏，技术团队仅了解硝化废料着火、爆炸的危险特性，对大量硝化废料长期储存引发爆炸的严重后果认知不够，这使得企业不具备主动消灭风险源的主观能动性。在屡次被罚的背后，都隐藏着一个个的风险因素，所有被指出的安全隐患，天嘉宜化工有限公司都没有用心整改，反而尽心去贿赂监管执法人员，努力的方向完全出现偏差，造成风险累积。

（二）第三方机构方面的风险因素

中介机构弄虚作假，出具虚假事实文件，导致事故企业硝化废料重大风险和事故隐患未能及时暴露，干扰误导了有关部门的监管工作。

（三）党委政府方面的风险因素

地方政府在企业能够带来的利益面前形成了错误的政绩观与发展观，难以下定决心让企业关停退出，同时也暴露出上级党委政府的监管问题，在国家作出重大决策部署后，江苏省、盐城市只负责通知，不负责督办，作出的决定一直不能落实，直到拖出事故。另外，监管部门屡次罚款，既没有使事故企业认识到错误，也没有使监管部门重视企业存在的问题，罚款成为形式，屡罚屡犯，一罚了之。七年之久，相关的监管部门也多次去企业检查，但检查很多却没有成效。紧密的关系网与低廉的试错成本还使得相关责任部门主动逃避审查，这是值得我们反思的问题。

（四）形式主义风险因素

领导人员下访流于形式，下访内容、路线等都可以“被安排”。腐败问题穿插其中，被判刑的15名公职人员都被发现收受过化工企业的现金、购物卡、礼品等，围绕事故企业形成了一个利益网，本该是为国家尽责、为人民服务，最终成了“为钱办事”。

诸如事故灾难，都具有一些共同特点。首先，事故在顷刻间发生，难以阻止其发生。其次，造成的人员伤亡和财产损失，尤其是人员伤亡难以弥补。加之当代社会信息传播速度较快、范围较广，甚至会在全国范围内引起冲击，严重时可能会引起其他事件的发生以及民众对政府的质疑①。安全源于警惕，事故出于麻痹。没有落实到位的处罚都加倍反弹，让企业的机会主义行为倾向愈发严重，责任心在利益面前逐渐萎缩。化工产业从业者只有依法依规进行生产经营，始终绷紧安全这根弦，才是将风险降到最低的最大前提。

三、课堂习题

结合案例谈谈，事故灾难发生后如何减缓风险？

第二节　公共卫生事件的风险管理

一、案例描述：2004—2013年多次禽流感事件②

（一）事件发生背景

1. 世界性流感疫情不断

近年来国际上最为关注的禽病是高致病性禽流感，自2003年初以来，此病已经在亚洲、非洲、美洲等45个国家和地区发生并流行。2005年以来，由于家禽和人类感染H5Nl的病例增加，禽流感于2006年2月后到达欧洲腹地法国、德国、丹麦、西班牙，随后穿越喜马拉雅山，在家禽散养为主的印度马哈拉德特拉邦造成禽类发病。到2006年12月，全世界发病国家和地区已达到55个，波及的禽鸟达60多种，在我国至少有16种野生禽鸟因感染禽流感而发病致死，全球因禽流感已经扑杀两亿三千多万只禽鸟。

2. 检疫环节漏洞

世界各地不同国家家禽饲养方式多种多样，在发达国家全封闭饲养，生物安全措施较严密，隔离条件好，但也由于人类活动、交通运输、贸易中禽产品检疫漏洞及带毒候鸟的传播，在非洲几内亚湾的尼日利亚和红海之滨的埃及散养鸡也难以幸免。有报道指出非洲

① 陈潭．公共管理案例分析［M］．北京：社会科学文献出版社，2009.

② 根据周蛟．世界主要禽病流行现状［C］//中国禽业发展大会暨中国畜牧业协会禽业分会会员代表大会，2007：125－129；徐冉．突发公共卫生事件的政府应急管理能力研究［D］．苏州：苏州大学，2010；王雄杰，方灶平．禽流感暴发原因浅析［J］．安徽农业，2004（11）：70－71．等资料编写。

的禽流感是由于土耳其出口的禽肉及产品带有高致病性禽流感病毒，在非洲口岸没有检疫，从而传播到尼日利亚。这说明利用国际贸易中的检疫环节漏洞，已发生禽流感的国家通过非法渠道继续进行禽类及禽肉产品交易，将会对禽流感的流行起到推波助澜的作用。我们应科学地认识到，尽管候鸟、旅鸟、留鸟对禽流感疫情传播起着不容忽视的作用，但社会经济领域的管理失控也会造成疫病扩散，如黑山发生禽流感期间出售病死鸡，在贩运和加工病死鸡过程中造成疫情扩散。禽流感已经不仅是一个动物卫生防疫、检疫的问题，它在社会、经济等诸多领域中可引起一系列危机。

（二）事件发生过程

从2004年全球性禽流感到2009年甲型H1N1流感再到2013年H7N9型禽流感。三次禽流感疫情防控期间，对流感源的阻断方式都是采取大范围的家禽捕杀、掩埋手段。在疫情防控期间，政府部门不断召开新闻发布会，实时更新疫情最新动态并对公众疑问作出及时反馈。与此同时，相关政策法规、医疗资源保障不断提升，防控效果不断提升。从防控效果来看，三次禽流感疫情，感染人数、死亡人数逐次降低，治愈率逐次提高。这些得益于公共卫生应急管理体系的不断完善和多次流感疫情中积累的经验。为应对此类全球性疫情，世界各国也纷纷采取应对措施。

1. 墨西哥

面对全国性的流感疫情，墨西哥总统于2009年4月26日下达总统令，宣布全国进入“卫生紧急状态”，同时授权医疗部门可视情况强制隔离患者或疑似患者，包括隔离患者所在寓所区域等，并在公共运输场所拦截疑似感染的民众。总统令还授权医疗部门可对患者采样化验。政府拨出专项资金用于疫情防控。

2. 日本

2009年4月底，日本政府各部门迅速采取应对措施，严防甲型H1N1流感病毒入境。日本国土交通省设置了信息联络室，并要求与墨西哥有航班往来的成田机场协助做好检疫工作。国土交通省还呼吁日本旅游业协会提醒前往墨西哥的日本游客注意健康安全。

3. 中国

在此次甲型H1N1流感疫情期间时，中国政府高度重视，及时采取各项措施，全国上下众志成城，共同面对疫情。

1）卫生部门出台措施

2009年4月25日，卫生部应急卫生办公室网站上就刊发了《中国卫生部等政府部门高度重视美国和墨西哥发生的人感染猪流感疫情》的新闻：“卫生部有关负责人日前表示，中国正密切关注疫情进展，加强与世界卫生组织、美国和墨西哥政府的联系，跟踪疫情及疫情防控的进一步详细信息，根据疫情发展趋势按预案做好各项应对工作。”

2）交通部门应对措施

自疫情发生后，交通运输部高度重视，要求各级交通运输部门和企业高度重视并加强组织领导，按照《突发公共卫生事件交通应急规定》制定应急预案。同时与卫生、质检等有关部门密切配合，齐心协力做好甲型 H1N1 流感在交通运输环节的预防预控工作。机场检验检疫人员重点关注来自疫区的旅客体温情况，对体温过高或异常者给予身体检查，对飞机及机上用品严格消毒。

3）教育部门应急举措

2009 年 5 月 15 日，国内主流报纸、网站等媒体均刊载了题为《教育部要求全国学校实施晨检应对流感疫情》的通知，通知要求："各地各校要高度重视，加强领导。重视甲型 H1N1 流感防控工作，在当地党委、政府统一领导和卫生部门的具体指导下，切实加强学校防控甲型 H1N1 流感工作领导，进一步完善本地本校甲型 H1N1 流感防控工作预案；进一步加强宣传教育，加大甲型 H1N1 流感可防、可控、可治的宣传力度，要把甲型 H1N1 流感防控知识作为当前一个时期学校宣传教育重点；加强疫情监测，发现流感样疫情要在 2 小时内报告当地疾控机构和教育部门。"

4）宣传部门及媒体（舆论）表现

在此次甲型 H1N1 型流感疫情中，中国媒体反应迅速。如《广州日报》2009 年 5 月 12 日的《严防死守打好甲型流感前哨战》，《人民日报》2009 年 4 月 29 日的《国务院召开常务会议：研究部署八项措施防控人感染猪流感》等，都是对疫情的发展、防控作出最新报道。当疫情袭击中国时，各主流媒体积极参与报道。各级电视台、广播电台、报纸、新闻网站均根据自身特点，最大限度地进行追踪。人民网、搜狐网、新浪网、腾讯网等门户网站多设有专门网络版面，以及时公布疫情信息、政府通知及防控措施等。

（三）事件原因分析

2004 年，亚洲、北美洲、欧洲和非洲共有 17 个国家和地区报告发生禽流感疫情，累计扑杀各类家禽 1 亿多只。其中亚洲的韩国、日本、越南、泰国、柬埔寨、印度尼西亚、巴基斯坦、老挝、中国香港，北美洲的美国、加拿大以及非洲的南非等 12 个国家和地区爆发高致病性禽流感。

2009 年 3 月甲型 H1N1 流感席卷墨西哥，随后迅速扩散至美国、英国、法国、加拿大等国家，遍布全球各地。同年 5 月内地出现首例确诊病例，甲型 H1N1 流感开始在我国大规模蔓延开来，严峻的抗击流感阻击战由此展开。截至 2010 年 3 月全国累计确诊 12.3 万人，死亡 714 例，是继"非典"后又一次大规模的流感疫情。

2013 年 2 月 19 日，上海男性患者李某出现发热、咳嗽等呼吸道感染症状（后被确诊为第一例 H7N9 禽流感病例），2 月 20—25 日被上海市第五人民医院收治，26 日凌晨该医院启动预案，报上海市闵行区疾控中心采集并作流行病学调查。此后，全国各地纷纷启动应急监测，部署禽流感疫情防控。

纵观世界范围内的多起禽流感事件，有学者分析其有若干共同根源。

1. 家禽饲养密度越来越大

家禽饲养密度指禽舍内家禽密集的程度。饲养密度大时，家禽散发出的热量多，舍内气温较高。因此，一些鸡场冬季饲养密度过大，因地面蒸发及动物体排出的水汽含量增加，舍内常较潮湿，饲养密度太大往往会诱发鸡群发生呼吸道疾病和眼病。随着家禽集约化商业饲养的发展，高密度饲养曾经带来过高效益，但它所带来的负面效应也日趋明显。

2. 卫生防疫制度有待完善

许多养鸡场没有严格控制外来人员、车辆进入场区或鸡舍；饲养人员没有专用工作衣、鞋、帽等，或没有定期洗涤消毒；雏鸡和成鸡混养；场区和鸡舍内没有定期进行消毒。缺乏科学的免疫程序，不同抗原刺激机体产生的相应抗体在机体内存在的时间长短不一，因而免疫期不等，有时需经多次接种才能产生高水平抗体。因此，防治疾病必须建立在一个科学的免疫程序上。

3. 抗生素滥用情况有待改善

包括我国在内的亚洲许多国家，抗生素滥用问题非常普遍，以中国、泰国、越南、印度尼西亚等国家尤为普遍。抗生素本身对禽流感病毒没有作用，但是低致病性禽流感所引起的继发感染对家禽的危害有时往往超过禽流感病毒本身，继发感染主要是支原体、大肠杆菌、沙门氏菌、梭菌及球菌等，不进行药敏感试验而滥用抗生素的危害是细菌对大多数抗生素产生耐药性，而人类研究新抗生素的速度远远赶不上细菌产生耐药性的速度，最后必将导致无药可用的状态。抗生素的滥用，会导致对低致病性禽流感所引起的继发感染无能为力，病毒很难在疫区被根除，疫情会逐渐扩散，使疫区越来越大，而且病毒还有变强（变成高致病性禽流感病毒）的可能，最后导致禽流感暴发。

二、案例应用：突发疫情风险预警机制

公共卫生风险属于传统风险，但综合分析多次禽流感疫情暴发的原因，既有不可控的客观因素，也有可控的人为因素。纵观多次禽流感疫情暴发的全过程，可见我国公共卫生风险管理体系不断发展，但仍有待进一步完善，以应对不断发展的社会可能出现的各类公共卫生风险。禽流感疫情时期，我国政府一直重视防灾、抗灾、救灾，注重安全生产、公共卫生和消防等工作，并制定了一系列法律法规，有力地保障了人民生命财产安全。但是，我国是一个发展中国家，无论是政府的风险管理，还是民间的风险管理，体制还不够健全，机制还不够科学，技术还不够先进。尤其是在经济、社会转型过程中，危机不断显现，表现出现行体制与机制的种种不适应。SARS 事件、禽流感等，明显暴露出我国公共卫生事件风险管理体系的缺陷①。有学者认为，行之有效的风险管理方法之一是建立突发疫情预警机制。

突发疫情风险预警可分为以下三个阶段：

一是突发疫情的风险认知。出现原因不明的疫情后，需要依靠各类医院和医疗机构提供分散的疫情信息，通过专门的信息报送系统向上级单位报告疫情信息，汇集形成实时数据，反映疫情的发病情况、症状特征等，进而针对具体疫情进行流行病学调查，对相关病

① 何文炯．加强风险管理构建和谐社会［J］．今日浙江，2006（3）：18－19.

例进行搜集、比较、分析和评估，充分研判疫情的风险状况。突发疫情的风险认知需要运用监测技术手段，获取疫情传播的关键证据，这个过程具有很强的专业性，需要坚持专业化原则。

二是突发疫情的风险研判。通过网络监测获取疫情信息后，接下来需要判断突发疫情的风险，包括直接危机、关联危机和潜在危机。风险研判既依赖于对疫情进行监测和分析获得的事实信息，也要考虑具体情境下疫情发展的基本趋势。对于突发传染病来讲，风险研判需要建立整合性议事平台，邀请不同领域专家参加，形成集体审议机制，发挥同行评议的作用，实现不同主体的知识协同，避免由于个人因素导致误判。基于疫情监测获取的信息，专家组经过集体讨论，对突发疫情及风险作出综合性判断，为政府决策提出建议或方案。

三是风险预警的信息发布。传染病是威胁人类生命健康的流行病，如果不能得到有效控制，将会在人群中广泛传播。应对原因不明的突发疫情，需要根据专家对风险的判断，由政府综合考虑多元目标诉求，确定是否发布风险预警。如果突发疫情的监测、分析、风险判断主要由专家承担的话，那么，突发疫情的信息发布则可坚持政府主导，根据疫情风险的强度及影响范围建立分级预警机制。对于重大突发疫情，由中央政府发布预警信息，区域性、中低度风险的疫情由地方政府作出决定①。

三、课堂习题

结合案例谈谈，公共卫生事件应该如何进行风险管理？

第三节　社会安全事件的风险管理

一、案例描述：2012 年“5·3”京温商城事件②

（一）事件发生背景

1. 经济环境背景

北京京温服装市场位于北京丰台大红门地区，主要经营男女时装、皮衣、羊毛衫、裤子、衬衫和皮鞋、箱包等。受国际金融危机影响，纺织品服装出口需求始终疲软，以单一的纺织品经营模式为主的大红门地区产业发展面临困境。在这样的经济环境背景下，经营人员心理比较浮躁，企业经营管理容易出现漏洞。

2. 网络传媒环境

网络大众传媒的传播生态是京温商城事件产生的传媒环境影响因素。现代意义上的公

① 杨宏山．构建高效的突发公共卫生事件预警机制［J］．人民论坛，2020（S1）：110－112.

② 根据李敏蓉．论网络舆情的分析研判：以“京温事件”为例［J］．理论学习与探索，2013（4）：80－82；张涛甫．网络媒介对中国传媒生态的影响［C］//上海市社会科学界联合会．中国的前沿　文化复兴与秩序重构——上海市社会科学界第四届学术年会青年文集（2006 年度），2006：76－84．等资料编写。

众舆论的形成以及作用的发挥很大程度依赖媒体平台，包括公众的信息来源及意见表达的渠道。在网络舆情危机事件中，大众传播主要从以下两方面影响和制约公共舆论以及事件的发生发展：一是媒体的主流意见。在一起大范围的公共事件中，媒体上往往有各种不同的声音，他们的立场和态度以及对事件认识的角度各不相同。官方意见、媒体建议、专家意见、网络舆论领袖意见、各种公众群体的意见会大量涌现并影响整个舆论走向。二是信息传播渠道。这与有关部门管制的程度有关，涉及信息传播平台的辐射范围和传播渠道的顺畅性。

（二）事件发生过程

按照舆情发展的不同阶段，舆情发生期是2013年5月7日左右，各大网站、论坛、微博纷纷出现的帖子称，5月3日在北京京温商城坠楼身亡的安徽籍女孩袁某是被服装市场多名保安奸杀后抛下楼的。网民自发发帖，热烈讨论，逐渐酝酿成为舆论热点，转入舆情发酵期。舆情发酵期与舆情发生期在时间上衔接很紧，这一时期的一个重要特点是少数传统媒体的介入报道，与网络舆论形成呼应，推动了事件升级。安徽地方媒体对北京警方的问责，尤其是其中提到的质疑点被网民跟帖转帖，舆情进入发酵期。这一时期如果不能及时响应，必然导致事态进一步扩大，网络舆论失控和政府公信力的损伤在所难免。舆情发酵期后，网络负面舆论已经形成，负面情绪保持上升趋势。并且，在这个时期，独立事件开始激化为带有普遍性的社会对立情绪。5月8日上午，近百名外地来京人员在丰台区京温商城门口聚集，事件现场上传到网络，舆情进入高涨期，新一轮的发酵开始。随着北京警方再次连发两条微博澄清事实，尤其是官方微博“平安北京”公布北京警方抓获一名在网上编造袁某死因的嫌疑人——28岁的马姓女子信息，使网络舆情降温，出现下降拐点。但是，微博上疯传的“不自杀承诺书”引发舆论反弹，舆情高涨期被拉长。5月11日央视对京温商城女孩坠楼前监控视频的披露使舆情进入回落期，舆情走势出现明显转折，进入舆情反馈期。到5月21日之前的一段时间，只有零星媒体报道和网民评论，21日晚北京警方宣布包括袁某男友在内的13人分别因涉嫌聚众扰乱公共秩序罪、寻衅滋事罪被逮捕，各大媒体网站纷纷转载，至此谣言得到彻底澄清。5月23日央视焦点访谈栏目播出“京温商城女子坠楼事件始末”，舆论对北京警方在“京温商城女子坠楼事件”中所采取的法律手段给予了充分肯定。

（三）事件原因分析

2013年5月3日，安徽庐江籍女子袁某在北京京温商城内坠楼。案件发生后，北京市公安局丰台分局迅速开展工作，该女子于5月2日晚单独进入商城内，于5月3日5时许坠楼，未发现与其他人员接触，现场勘查、尸体检验亦未发现可疑情况。查明袁某排除被侵害，系自主高坠死亡，依法将查证结果通报死者家属，并提供相关视频资料。其间，互联网上出现“女青年离奇死亡”“被保安先奸后杀”等大量谣言及煽动帮助死者亲友“讨说法”言论，导致5月8日一些不明真相群众在京温商城门口聚集，部分不法人员扰乱公共场所、交通秩序。该案双方就赔偿最终达成协议，京温商城在停止营业后未能及时清理闲杂人员，让袁某深夜能够逗留在商城内，存在管理上的疏漏，赔偿死者家属各项损失共计 40 万元。

本次事件的主要原因是网络谣言。事发后，北京警方迅速开展工作恢复现场秩序，并对在网上造谣煽动及现场扰乱秩序的违法犯罪行为开展侦查。经警方工作，彭某等 13 名犯罪嫌疑人先后被警方抓获。经公安机关调查，犯罪嫌疑人彭某（系死者袁某男友，网店经营者）在袁某自杀后，因对京温商城善后处置不满，利用互联网散布袁某“离奇”死亡信息，煽动同乡帮助向商城“讨说法”，导致袁某死因谣言在网上持续发酵，迅速蔓延。彭某还组织策划老乡到商城门前聚集，实施扰乱公共场所秩序行为。犯罪嫌疑人耿某（系袁某同学）积极协助彭某并利用互联网煽动组织聚集滋事，在现场呼喊口号、制造影响。犯罪嫌疑人马某（系袁某同乡，网店经营者）为制造事端，在互联网上组建近千人的 QQ 群，发表不实言论，煽动呼喊口号堵塞交通，扰乱社会秩序。犯罪嫌疑人汪某、胡某、万某（均系袁某同乡）等人利用互联网串联煽动、捏造事实、起哄闹事、扩大事端。

二、案例应用：如何应对网络谣言引发的社会稳定风险？

对于此类由网络舆情危机引发的社会稳定风险，必须建立全方位的防控措施。必须对网络谣言产生的原因进行深入分析，对症下药。综合分析京温商城事件，网络谣言产生的几大原因包括：法律制度的不完善令网络谣言禁而不止；政府的职责缺失令谣言没有及时辟除；公民的缺乏自律令网络谣言加速发酵；媒体与网络运营商的缺乏监管令网络谣言肆意泛滥。对此，提出如下对策建议。

（一）设立行之有效的网络监管机制

网络技术在带给人们生活方式改变的同时，无疑也带来一些新问题。但是人们可以创造出各种社交网络的应用程序，同样也可以创造出可以监督网络行为的网络工具。用这些同样是技术性的措施把网络谣言圈在有限范围，使其不能大范围传播，从而将可以影响的对象减少到最低。政府成立相关的舆情监测中心对网络谣言的监测实现常态化，一旦发现有不利于社会稳定的网络谣言，就要及时反馈给相关部门，以免给各种“小道消息”提供填补信息真空的机会。这些技术性措施就相当于一个网络安全阀，一旦发现谣言迹象，马上就可以关上流传通道。除了技术上的保障，建立一个有效的安全阀机制还需要在规范网络行为的相关法律法规、社交网络营运商等方面作一定的努力。政府部门需要努力完善相关法律法规，依法严厉惩处网络谣言的制造者。社交网络的营运商在保持网站正常营运的同时，应尽最大可能配合政府的监督和控制措施。因为营运商既然允许人们在网上自由地发布信息，那么就应该相应地承担一定的责任和义务去提醒用户不要散布虚假不实的信息。

（二）建立快速响应的信息发布制度

谣言之所以为大多数人所接受很重要的一个原因就是人们所知信息量不足。因此在这方面可以尝试的方法有：一是完善网络发言人制度。互联网时代，政府、企业等不可避免会受到网络谣言的攻击，因而选择合适可靠的信息发言人，以及及时公布和更新组织信息，将有利于自身把握信息处理的主动权而免于陷入谣言的麻烦中。二是信息发布应该同谣言的传播方式保持一致，以使正确的信息尽最大可能地到达被谣言影响起来的对象那里，使与公众利益密切相关的各种信息保持公开、透明、动态反应的状态。三是发布充足的信息量，以满足公众的好奇心，并消除疑惑。在京温商城事件中，如果警方能够尽早公开公布监控视频等证据，就能有效消除公众疑惑，避免此类事件发生。

（三）大众媒体应坚持实事求是的传播态度

真实记录事件，反映真相，是新闻媒体的第一职责。在京温商城事件中，出现了一些媒体为吸引流量发布未经证实的消息现象。在削减网络谣言的影响力中，大众传媒需要承担的社会责任是：传递正确的信息、澄清真相、化解矛盾。如果一个事件没有新闻价值，一般也不会滋生谣言。就如观察可知，新闻机构越突出某消息，尤其是突发性消息，该消息便越要承受更多更严重的谣言歪曲。所以这就要求大众传媒必须认真负责地对各种公共事件进行清楚的报道。在这里大众传媒一方面应该以理性、公正、客观的态度进行报道，既不过分渲染事件以吸引眼球，也不仅仅关注谣言现象的表面；另一方面大众传媒应该做到透过事件的表象看出其本质，比社会大众看得更深、更远、更透，以使其正确的意见能够引导公众的舆论和行为。

（四）社会个人应加强自律

有研究表明：人们的社会阅历越少，依赖画面和话语，依赖人们眼睛所见和他人所告诉我们的就越多。如果在人们最初的感知期间或叙述过程中存在刺激时，这种对环境的感知就会出现缺陷，个体的心理状态更会大大扩大这些缺陷。我们都知道，人对环境的感知从一开始便混入了很多自己以前的相关经历、习惯、情绪、文化、习俗。加之科学技术的迅速变化使得自己所掌握的一切知识都是暂时性的。因此，出现在人们面前的一切都是值得怀疑的，这就是为什么谣言会轻易地渗透到我们对周围环境的感知中，从而引起应激性行动。网络谣言之所以能影响人，除了与网络技术这些外在因素有关外，更重要的还是“人”的因素——因为“人”选择了相信谣言的内容。就如案例中提及的，很多时候事件的真相取决于人自身愿意相信与否，很多参与事件的人事后回想，不知道自己为什么会相信谣传。因此辟谣也要从“人”这方面想方法：当网络谣言出现时，首先个人应该保持理性和自律，不随意转发和传播谣言，其次积极寻求权威的信息和解释①。

三、课堂习题

结合案例谈谈，社会安全事件应该如何进行风险减缓？

① 许扬．涉警舆情危机的特征及应对研究［D］．北京：北京邮电大学，2016.

第三章 应急准备与危机预警

第一节 应 急 准 备

一、案例描述：2019 年“6·23”金川县泥石流灾害事件①

（一）事件发生背景

降雨是地质灾害主要的诱发因素，2019 年 6 月，金川县境内因受极端天气影响，局地出现暴雨，雨量最大为 34.3 mm，导致多地突发泥石流等灾害，多个乡镇不同程度受灾。2019 年 6 月 23 日 0 时 5 分，金川县卡拉脚乡玛目都沟、色隆沟暴发泥石流灾害，冲出泥石流约 40.5 万 m^3，造成农房被掩埋，羊圈和酒厂房屋被冲毁，交通、电力、通信完全中断，直接经济损失 299 万元。6 月 27 日 22 时 45 分，金川县曾达乡曾达沟突发泥石流灾害，冲出泥石流约 150 万 m^3，造成海子坪村、曾达村、坛罐窑村农房受损 149 户，农田受灾 550 亩，通乡通村道路损毁 17.5 km，桥梁损毁 17 座，交通、电力、通信全部中断。

（二）事件发生过程

2019 年 6 月 22 日 16 时 16 分左右，阿坝州自然资源局发布全州地质灾害预警通知，金川地质灾害预警等级为三级。收到预警通知后，金川县自然资源局立即通过 QQ 群、微信群、短信平台、电话通知等方式将预警信息发布至各防灾责任人、监测责任人、国土员、监测员，让其人人知晓。

6 月 22 日 21 时，卡拉脚乡开始强降雨，玛目都沟、色隆沟、布基村布基沟、秀西沟监测人员发现有泥石流暴发的可能，立即启动乡村两级地质灾害应急避险预案。

6 月 22 日 22 时许，果断对临灾的 25 户共 130 人进行组织动员转移，最终将危险区范围内的所有群众全部转移至安全避难场所。

截至 22 日 23 时 55 分，全县自动化实时监测系统根据各监测点降雨信息陆续发布 27 条雨情预警信息，其中发布卡拉脚乡 6 条，监测预警到位。

6 月 27 日 22 时 45 分，在金川县曾达沟发生的泥石流灾害中，同样的预警监测机制运转下无一人伤亡，实现了成功避险。

---

① 根据地质灾害成功避险 15 个典型案例分享［J］. 吉林劳动保护，2019（12）：40－43. 等资料编写。

自动化实时监测系统监测预警到位，州、县、乡、村、组、点六级群测群防，信息传递畅通高效，行动响应积极果断。

（三）事件原因分析

四川省自然资源厅复盘 2019 年汛期地质灾害防灾工作，将该事件选入 15 个成功避险的典型案例中，该事件为地质灾害防灾减灾救灾工作提供了可借鉴推广的宝贵经验，“专群结合、人机结合”的科技防灾之路是提升基层防灾能力的必然要求和可靠保障。

此次危机响应能够实现无人伤亡，成功避险得益于当地地质灾害综合防治体系的建设，将扎根基层的专职监测和专业技术力量有机融合。四川省、阿坝州近年来始终高度重视、持续推进地质灾害综合防治体系建设。一方面是基层干部履职尽责，避险转移决策果断。近年来，阿坝州逐步建立的监测体系将临灾处置权下放到一线，确保了在第一时间能够及时预警、安全转移，始终将“主动避让、提前避让、预防避让”的“三避让”原则落实到具体行动中。另一方面是州、县、乡、村、组、点六级群测群防、全覆盖式地质灾害监测预警体系运转高效，监测预警到位。

1. 基层干部履职尽责，避险转移决策果断

地质灾害防治基础在基层、关键在村组。近年来，阿坝州逐步建立了州、县、乡、村、组、点六级群测群防、全覆盖式地质灾害监测预警体系。泥石流灾害发生前，基层干部认真履职，监测人员及时发出预警，是此次成功避险的前提。同时基层干部在逃生避险演练中积累的丰富经验，在应对突发地质灾害时也帮助民众规避了更大的风险。

始终将“主动避让、提前避让、预防避让”的“三避让”原则落实到具体行动中。6 月 22 日 21 时，卡拉脚乡开始强降雨，玛目都沟、色隆沟、布基村布基沟、秀西沟监测人员发现有泥石流暴发的可能，立即启动乡村两级地质灾害应急避险预案。6 月 22 日 22 时许，果断对临灾的 25 户共 130 人进行组织动员转移，最终将危险区范围内的所有群众全部转移至安全避难场所。

阿坝州自然资源局相关负责人表示，此次成功避险，得益于已建立的地质灾害监测体系将临灾处置权下放到一线，确保了在第一时间能够及时预警、安全转移。

2. 监测到位、预警体系运转高效

在 6 月 22 日 16 时 16 分左右，阿坝州自然资源局就发布了全州地质灾害预警通知，金川地质灾害预警等级为三级。收到预警通知后，金川县自然资源局立即通过 QQ 群、微信群、短信平台、电话通知等方式将预警信息发布至各防灾责任人、监测责任人、国土员、监测员，让其人人知晓。截至 22 日 23 时 55 分，全县自动化实时监测系统根据各监测点降雨信息陆续发布 27 条雨情预警信息，其中发布卡拉脚乡 6 条，监测预警到位。

从发现灾情到警报拉响，不到 30 分钟的时间。泥石流主要由曾达乡的隆古沟、安罗沟和双海子沟 3 条支流汇聚而成，拦河坝挡住了安罗沟和双海子沟部分洪水，最终途经倪家坪、坛罐窑、海子坪和曾达村，汇入大渡河，直线距离约 10 km。坛罐窑村 3 组村民发现后立即通知下游海子坪村的村民。海子坪村的村民接到电话后，赶紧通知村主任兼地灾监测员的盛某强，他在微信群给乡政府和其他地质监测员发出紧急避险的消息，当晚 21 时 30 分左右，乡政府的警报拉响。

二、案例应用：应急准备包括哪些内容？

海恩法则是航空界关于飞行安全的法则。任何不安全事故都是可以预防的。每一起严重事故的背后，必然有 29 次轻微事故和 300 起未遂先兆以及 1000 起事故隐患。按照海恩法则分析，当一件重大事故发生后，我们在处理事故本身的同时，还要及时对同类问题的“事故征兆”和“事故苗头”进行排查处理，以此防止类似问题重复发生，及时消除再次发生重大事故的隐患，把问题解决在萌芽状态。海恩法则强调两点：一是事故的发生是量的积累的结果；二是再好的技术，再完美的规章，在实际操作层面也无法取代人自身的素质和责任心。事故的发生看似偶然，实则是各种因素积累到一定程度的必然结果。任何重大事故都是有端倪可查的，其发生都是经过萌芽、发展到发生这样一个过程。如果每次事故的隐患或苗头都能受到重视，那么每一次事故都可以避免①。金川县发生泥石流，但无人员伤亡，充分验证了海恩法则的正确性，也说明了应急的重要性。以下基于案例分析总结应急准备应该包括的内容。

（一）应急资源

在本案例中，金川县准备了充足的应急物资。2017 年 11 月 20 日，为了解决自然灾害、事故灾难、公共卫生、社会治安等突发事件的应急指挥系统信息不畅问题，金川县应急办为 22 个乡（镇）和民政、国土、交通、水务等 25 个部门配备了应急对讲机 50 台，同时还对应急指挥系统进行了培训。通过对应急指挥系统的硬件配备和培训，实现了在应急指挥过程中大面积的、跨部门的信息资源和通信资源的处理和实时调度，积极发挥了应急处置的科学化和可视化作用②。

（二）应急预案

在本案例中，金川县的应急预案成熟完整。2017 年 11 月 1 日，金川县政府发布突发公共事件医疗救援应急预案，体现出良好的防灾意识，当天发布的信息还有学校避险、大型商场避险、公共汽车避险、高层建筑避险，信息字数 400 字以内，简短有力，清楚明了。

应急预案在应急管理中具有重要意义，有助于识别潜在风险，了解突发事件的发生机制，明确应急救援的范围和体系，为应急响应的各个方面提供规则。具体来说，有三个方面的意义：一是有利于及时应对和处置突发事件；二是有助于避免突发事件扩大或升级，

---

① 郑锦娟，李立群，海江波．应用墨菲定律和海恩法则对高校实验室安全问题探讨［J］．实验室研究与探索，2016（2）：286－290.

② 金川县人民政府．金川县加强应急系统建设提升应急处置水平［EB/OL］．（2017－11－20）［2021－07－30］．http://www.abjinchuan.gov.cn/jinchuanxian/c101550/201711/e023761a008543cba79c290472e78008.shtml.

最大限度地减少突发事件造成的损失；三是有利于提高全社会的忧患意识，积极防范社会风险。

建立覆盖各地区、各行业、各单位的应急预案体系，在应对突发事件的过程中起着非常重要的作用，总结为以下几点：

（1）科学规范应急处置工作。要形成精简、统一、高效、协调的应急体系和机制，明确各级政府、部门和组织在应急体系中的职能。

（2）能够合理配置相关资源，应对突发事件。通过提前合理规划、储备和管理各类应急资源，一旦发生突发事件，按照预案明确的程序确保资源能够尽快投入使用。

（3）提高应急决策的科学性和及时性。突发事件的紧迫性、信息不对称性和资源有限性要求快速的应急决策。应急预案为准确研判突发事件的规模、性质和程度，制定合理的决策应对措施，降低危害程度提供了科学的思路和方法。

（三）应急演练

制定应急预案后，还应该根据应急预案进行应急演练。本案例中，金川县的应急演练较为熟练。早在 2017 年 5 月 22 日，金川县便已开展了防灾救灾综合实战演练。2018 年 5 月 4 日，金川县开展 2018 年地震、火灾、山洪、泥石流防灾救灾演练。总体演练程序按照灾情报告→指挥长接到灾情报告后启动应急预案→安全预警、灾情会商→应急转移（伤员救助、灾民安置）→应急抢险→灾后防疫→演练总结进行，参演人员 100 多人，其中参与紧急疏散演练的群众达 600 多人。演练结束后，县委常委、县人民政府常务副县长就下一步工作提出要求：一是强化隐患排查。二是强化预警值守，各乡镇、各部门要按照早安排、早监测、早巡查，主动避让、提前避让、预防避让“三早”“三避让”原则，严格落实县、乡（镇）、村、组、隐患点监测责任五级地质灾害联防责任体系，严格实行防汛值班和领导带班制度，严格执行值班人员 24 小时在岗值守。遇到重大汛情、险情、灾情时，做到及时捕获险情提前避险，及时发现险情抗灾救灾，及时跟踪险情报送信息。此次应急演练活动，谋划全面、组织严密，场景逼真、效果明显，充分体现了展现实景、贴近实战、模拟实情三个“实”，达到了教育群众、检验预案、锻炼队伍、磨合机制四个目的，提升了相关部门在震后救灾过程中的协同作战能力和应急后勤保障能力，为今后快速、高效、有序地应对和处置突发事件起到了重要作用①。

（四）日常工作中重视防灾减灾

在本案例中，金川县在日常工作中就重视防灾减灾工作，具有居安思危的理念和意识。2018 年 7 月 10 日，金川县加强防灾减灾工作保障生命安全，一是防汛工作有序开展，二是防火工作成效显著，三是防震减灾有序推进。其中对于防汛工作，各级高度重视，县、乡、村多次安排部署，开展督查，防汛减灾各项准备工作充分有序。入汛以来，切实

① 金川县人民政府. 金川县开展 2018 年地震、火灾、山洪、泥石流防灾救灾应急演练［EB/OL］. (2018－05－04)［2021－07－30］. http://www.abjinchuan.gov.cn/jinchuanxian/c101550/201805/2003bb35976440cfa11f4d3a0238c2e4.shtml.

加强预警预测，累计预警41次，平台发布预警信息达22400余条，目前全县防汛减灾工作正在稳步推进。金川公路管理分局主动作为，“抗大汛、防大灾、救大灾”，确保辖区内国省干线安全度汛。

2019年6月23—27日，金川县政府官网对于此次洪灾发布了三条信息。第一条信息是对6月23日发生的洪灾救灾工作进行说明。第二条信息是县委副书记、县长指导防汛减灾工作时强调：要监测预警到位、组织调度有方、应急保障有力，科学谋划灾后重建工作。县级各部门、各乡镇要监测预警持续用力，不能麻痹松懈；灾审核定范畴明细，不能随意无序；抢险保通因地制宜，不能蛮干费力；河道疏浚有的放矢，不能遍地开花；恢复重建科学谋划，不能见子打子；救灾物资统筹调度，不能浪费闲置；群众工作就事论事，不能放手放纵；统筹力量极力配合，不能推诿扯皮。第三条信息是受四川省自然资源厅委托，中国科学院·水利部成都山地灾害与环境研究院研究员陈宁生与四川华地建设工程有限公司高级工程师张远明一行到达金川县，实地踏勘曾达乡“6·27”特大山洪泥石流灾害现场，对曾达沟“6·27”特大山洪泥石流灾害成因及曾达沟综合防治体系建设进行科学性分析，并对下一步地质灾害防治工作提出了宝贵建议。陈宁生对成功避险高度认可，认为金川县此次泥石流灾害的成功避险为全国教科书级避险典范，具有较高的借鉴价值，对地质灾害工程的防范减伤效果更是给予了高度评价。此外，陈宁生一行还提出了四条专业性意见。一是重点防治高危部分。龙古沟一带已监测到有极高的地质危害点形成，须引起高度重视和防范。二是科学规划合理布局。在重建规划时应注重优化道路设计、排水渠等基础设施建设，有的放矢地解决群众生产、生活问题。三是加强地质工程治理。此次灾害发生时，已建的地质灾害工程拦挡和防御功能承载量已基本饱和，为使地质灾害治理工程用途发挥至最大化，使地质灾害得到有效调控，必须开展行之有效的加固和清淤工作。四是用好非工程措施。根据泥石流暴发特征，多处隐患点极易产生更大规模的次生灾害，必须加强隐患点监测，强化基层防范措施，不可掉以轻心，同时基层政府应提高人民群众对次生灾害的提防意识，对居住在危险边坡人员及时进行转移。最后，县委书记、县长分别就专家提出的意见做了进一步安排和部署，并要求各相关单位主动承担、主动作为、主动对接，全面推进曾达乡“6·27”特大山洪泥石流灾后重建工作，让广大受灾群众早日重建美丽家园。

金川县直至今日也依旧坚持对可能发生的突发公共事件如地震、火灾、洪灾等召开会议进行指导。如2021年4月27日，金川县召开防汛抗旱、地质灾害防治、河湖长制和森林草原防灭火工作会议。5月12日，庆宁乡团结村开展隐患点（何家沟、汤家沟）防汛演练。对各种危机事件，在源头上重视，就可以避免悲剧发生。

三、课堂习题

2019年“6·23”金川县泥石流灾害为何可以成功避险？

第二节 危 机 预 警

一、案例描述：2018 年“8·18”山东寿光洪灾事件[①]

（一）事件发生背景

2018 年 8 月，台风“摩羯”“温比亚”相继过境，受两个强台风叠加影响，山东省出现不同程度的洪涝灾害，其中潍坊寿光受灾最重。寿光多地连降暴雨，降雨量之大，为历史同期最大值。受其影响，弥河流域上游冶源水库、淌水崖水库、黑虎山水库入库流量远超出库流量，为确保水库安全，依据国家省市相关规定，决定向下游泄洪。位于弥河下游平原地区的寿光成了洪水肆虐的重灾区，沿岸多个村庄遭遇河水倒灌，大量民居、农田、大棚及养殖场等损失惨重。

（二）事件发生过程

1. 事件的暴发

8 月 17 日 13 时 37 分，潍坊气象部门陆续发布雷电黄色预警信号、暴雨蓝色预警信号、暴雨橙色预警信号、暴雨红色预警信号、雷电黄色预警信号、大风黄色预警信号。

8 月 17 日，“温比亚”台风带来的实际降水远超预计量，上游冶源水库、淌水崖水库、黑虎山水库水位迅速上涨以至逼近警戒水位。为确保水库安全，向下游进行泄洪。潍坊市防洪抗灾办公室采取错峰、削峰、控流措施，经三座水库拦蓄洪峰，当时入库洪峰流量为 4058 m^3/s，泄出量为 1780 m^3/s，削峰 56. 1% 。

8 月 18 日 6 时到 20 日 10 时，降水过程潍坊平均降水量 174. 7 mm，加上 8 月 13 日的“摩羯”台风降雨，一周内两次降雨叠加，全市平均达到 254. 7 mm。

8 月 20 日，降水结束，对三座水库下泄流量进行压减，由 1228 个流量压减到 612 个流量。

8 月 21 日 18 时 30 分，将三座水库剩余泄洪流量全部压减。

8 月 24 日，当地通报，因上游县市区受到台风影响普降大暴雨，寿光境内河流水位迅速上涨，出现漫堤决口，导致村庄、农田被淹，群众被迫转移，蔬菜大棚坍塌，养殖场冲毁，造成严重损失。

据潍坊市政府召开防汛救灾新闻发布会的灾情通报，此次灾害共有 147 万人受灾，死亡 13 人，失踪 3 人，受损大棚 20 多万个，直接经济损失 92 亿元。作为“中国蔬菜之乡”

---

① 根据@潍坊发布. 山东省潍坊市人民政府新闻办公室官方微博［EB/OL］.［2021 - 07 - 30］. https://weibo.com/u/3315784023；经济网 - 中国经济周刊. 寿光洪灾调查［EB/OL］.（2011 - 09 - 03）［2021 - 07 - 30］. http://www.ceweekly.cn/2018/0903/233474.shtml；孙希明. 寿光灾后重建全面发力［J］. 走向世界，2019（5）：38 - 40；张琦，邹汶君. 重大自然灾害网络舆情管控研究：以“山东寿光水灾”为例［J］. 科技资讯，2019，17（15）：214 - 215；沈戈，沈连起，刘英昊. 寿光市“8·18”洪涝灾情分析与警示［J］. 山东水利，2019（7）：31 - 32，36. 等资料编写。

的山东寿光因洪灾波及范围广、影响强度大，使得全县多处蔬菜种植农田受到毁灭性影响。寿光本身作为山东乃至环渤海南岸地区的重要蔬菜供给基地，其菜田被淹必然引发区域性蔬菜供给不足，菜价大幅上涨，部分蔬菜售价甚至比往年同期高出数倍。

2. 事件的处置

8 月 18—19 日，寿光市政府防汛抗旱指挥部办公室连续五次发布弥河上游水库加大流量泄洪，以及相关村庄人员撤离的通知；8 月 19 日，潍坊市防汛抗旱指挥部发布泄洪命令，寿光市人民政府签发内容为“泄洪通知”的特急文件，消防救援人员立即赶往现场转移受困群众。灾情发生后，潍坊市先后启动了自然灾害救助应急三级、二级、一级响应，省政府启动三级响应；8 月 21 日，山东减灾中心启动《省减灾中心救灾应急预案》，向灾区调运物资；8 月 22 日山东省减灾委和民政厅向灾区调运第二批救灾物资，18 时再提升为省二级救灾应急响应，国家启动四级响应。

应急管理部和山东省民政厅派出工作组，到现场察看灾情，下拨省级救灾资金 500 万元，并陆续向潍坊市调拨急需救灾物资。潍坊市政府下拨市级救灾资金 6500 万元。市民政局查看灾情，统筹协调部门间沟通，进行物资调配、调拨，灾情核查。市减灾委各成员单位调配救灾机械设备，恢复道路、供电、供水等。

8 月 23 日，潍坊市人民政府召开抗灾减灾新闻发布会，向社会各界通报相关情况，对社会关注的抗洪救灾工作细节作出回应；8 月 24 日，潍坊市人民政府关于救灾防病工作召开新闻发布会，市政府启动一级应急响应，成立救灾应急指挥部，部署灾后重建等工作。

通过“社会力量参与抢险救灾协作平台”，多个慈善基金机构直接参与到灾区救援中，协作救灾。面向社会公众展示大量灾情信息，这些信息的传播效率多数高于官方报道，大型基金会、公益组织以及其他民间团体等都为洪灾救助提供了坚实的物资保障。

3. 事件的恢复

1）受损住房修缮重建

保障群众温暖过冬是民生大事，亦是该市灾后重建的工作重点。政府出台优惠政策，拨付专项资金，建立强有力的工作推进机制。召开灾后受损住房修缮重建工作调度会议，统筹谋划，精心部署，加快施工进度，严格建设标准，强化督导考核，确保群众安全温暖过冬。口子村、后赵村、前王村等村庄的部分房屋受损严重，群众生活受到影响。前期及时帮助群众重建或修缮房屋，政府有关部门在规划审批等方面一路绿灯，确保新房入住和修缮完成。协助有关部门为受灾群众发放过冬用品和取暖补贴等，同时全过程公开透明，接受监督。

2）水利建设

围绕水利事业暴露出的薄弱环节，寿光市补短板、强弱项，开展今冬明春水利建设大会战，确定了实施水毁工程修复、南部大棚区排涝和农田水网疏通、防洪除涝骨干水网“三大工程”，疏堵结合，使大水能排，小水能蓄。从 2018 年 10 月中旬开始到 2019 年 5

月底完成，用8个月的时间构建现代化水利体系。

3）受灾菜农增收和产业升级

园区化是蔬菜大棚上档升级和确保农民可持续增收的必由之路。寿光市在灾后重建中，结合部分大棚报废或效益低下、品质难以保障、农民增收乏力等弊端，加快蔬菜园区建设步伐，既为菜农提供创业舞台，又为产业振兴奠定根基。

寿光市现代农业创业创新示范园区总规划1500亩，建设冬暖式大棚115个，2个4000 m^2 智能温室，配套建设农资超市、检测中心、培训中心、交易市场等服务设施。采用订单农业和特色产品种植，通过品牌化包装，对内加强与京东生鲜、华润万家等知名品牌的合作，提升零售销量，对外采取俄罗斯边境贸易、日韩出口等方式，提升外贸交易份额，为入驻创业的受灾菜农提供全方位、高标准服务。出口蔬菜生产基地是寿光市在寿北地区重点打造的蔬菜产业转型升级示范项目，广泛应用智能温控、自动补光、水肥一体化、新型保温材料等新技术，执行标准化生产规程，推广配方施肥和生物防控技术，推行“合作社＋农户＋品牌、企业＋农户＋品牌、体验农业＋观光农业”新模式，实现模式升级，产品全部销往俄罗斯及“一带一路”沿线国家。

（三）事件原因分析

2018年8月18日，山东省寿光市因台风“温比亚”过境，多地连降暴雨，受上游黑虎山、冶源、嵩山三大水库泄洪影响，弥河下游寿光河段发生多次决堤，沿岸多个村庄遭遇洪水倒灌，民居、农田、大棚及养殖场受到殃及，当地农户损失惨重。全市15个镇（街、区）遭受了不同程度的水灾，共有77个行政村、10.6万个蔬菜大棚、4.33万 hm^2 玉米与棉花、2000多个畜禽养殖大棚被淹，群众损失惨重。有堤坝23.3 km、涵闸67座、橡胶坝2座等一大批水利工程被损坏，有大量的交通、通信、供电、供水设施被损坏，全市公益设施和事业受到了严重损害和损失。

1. 强降雨形成洪涝灾害

1）境内大量雨水在行洪期间不能直接排入河道

受13—14日“14号摩羯”、18—19日“18号温比亚”台风影响，寿光市在1周内境内出现了2次强降雨过程，全市平均降雨量达到了309.0 mm，导致雨水沟满壕平，低洼区域被雨水淹没，特别是境内的弥河、丹河、塌河3个流域雨水灾害严重。因弥河、丹河和塌河支流阳河、织女河等过境河道受地形地貌作用和影响，境内基本上是地上河，强降雨产生的大量雨水只能在河道洪水消退或水位降低后排入河道，或通过支流在下游汇入，再排泄出境。

2）过境河道大量雨洪水外泄

两次台风过程，过境河道上游昌乐、青州、临朐、广饶都普降特大暴雨，平均降雨量359.2 mm，最大的广饶县427.8 mm，最小的临朐县300.6 mm。过境河道都发生了自1974年以来最大的洪水，致使寿光境内河道堤坝出现了多处路口坝段溢洪、决口和管涌、穿堤涵洞（管）泄洪等汛情，大量雨洪水外泄，加重了洪涝灾情。

2. 排水系统有待改进

从受灾地区排水系统来看，河道不畅、河渠不通、沟渠不联的现象普遍存在。弥河、丹河等主要行洪河道内不仅有大量阻碍行洪的玉米等高秆作物和林木，更有严重阻碍行洪的畜禽养殖、蔬菜种植大棚等建筑物、构筑物。部分河道支流、排水干支渠被开垦种植，被生产便道填筑。交通道路、生产路下排水沟渠内有大量“路腿子”，田间排水沟被私自回填和耕种，田间排水工程严重缺失。此次洪水发生时，主要行洪河道内洪水下泄慢，河道支流、干支渠排水不畅，造成了大田内雨洪水无法自流排泄、机械抽水亦无处排的被动局面。

3. 堤防管理需要进一步完善

此次洪水导致弥河路口溢洪 3 处、涵洞（管）溢洪 5 处、决口 2 处，丹河路口溢洪 5 处、决口 2 处，阳河路口溢洪 1 处、决口 1 处，织女河路口溢洪 4 处。上述 13 处路口溢洪主要是由于设置路口降低堤坝高程，封堵不到位；5 处涵洞（管）溢洪主要是由于未及时封堵或封堵措施不当；5 处决口中有 3 处为穿堤工程施工不当，先管涌后溃坝决口。这些问题的发生原因主要是缺乏有效的管理和防范措施。

4. 地下水位高加重涝灾

受灾地区中，以纪台镇和洛城街道、稻田镇的南部蔬菜大棚区最为严重，除以上受灾原因外，该区域地下水位高也是一个重要因素。该区域为山前冲积平原，第四纪冲洪积地层厚度薄，一般为 38 ~ 50 m；第三纪地层为沉积泥岩、玄武岩地层。地层结构决定了该区域地层储水、滞水能力弱，加之上游昌乐、青州地势和地下水位高，地下水水力坡度大，导致该区域地下水位急剧上升，甚至流出形成地表径流，以至于 8 月 24 日河道内洪水基本消退完后，该区域 9666. 67 hm^2 大棚蔬菜仍浸泡在洪水中；地表积水基本排完后，许多蔬菜大棚内仍不断有地下水渗出，导致 8 万多个蔬菜大棚严重损坏甚至倒塌，蔬菜全部死苗烂秧。

二、案例应用：危机预警为什么会失败?

从公共危机演进的过程来看，预测预警是事发前最为重要的一个环节。所谓“预测”，就是指“预先监测”，即在公共危机事件发生前对各种危险要素（hazards）及其表象进行实时、持续、动态地监视和测量，收集相关数据和信息，并通过风险分析与风险评估来研判公共危机发生的可能性。在公共危机管理中，预警主要是指危险要素尚没有转变为公共危机之前，将有关风险的信息及时告知潜在的受影响者，使其采取必要的行动，做好相应的准备。预警目标是赋予受灾难或其他危险要素威胁的个人及社区以力量，使其有充足的时间、以适当的方式采取行动，减少个人伤害、生命损失、财产或周边脆弱环境受到破坏的可能性①。预测是预警的基础，预警应在预测的基础上解释清楚可能发生什么、如何行动才能避免事件影响的最坏结果；公共危机的预测与预警是相辅相成、相互统一的关系。

① 毛振军. 论新疆重大突发事件应急处置体系建设 [J]. 新疆警官高等专科学校学报，2012，32 (4)：25 - 29.

预测获得相关的信息并进行研判，而预警则是将研判结果传递给特定受众。科学预测是精确预警的前提和基础，只有通过有效的预警才能把预测得出的结论及时传递给受众。山东寿光洪灾损失惨重，其在危机预测预警环节存在的许多问题值得我们反思。预测预警系统是一个有组织的过程，以监测危险要素、快速传播关于威胁及适当保护措施的信息为目的。具体而言，它主要包括相互联系的四个要素：风险评估、监测预警、警报传播与响应行为。风险评估属于第二章讨论的内容，本章从另外三个要素视角对案例进行分析。

（一）监测预警：降水量预测错误

监测预警是指对危险要素的征兆进行技术监测，预报危险要素的演变，并发出警报。在这一阶段，人们在科学的专业知识和先进技术的基础上进行观察、评估和预报。这个阶段显示的是预测预警的科技维度。

本案例中天气预报不准确，预报 40 ~ 70 mm，实际降雨量 174. 7 mm。由于天气预报不够准确，防汛部门按照 40 ~ 70 mm 的降水量进行准备，实际降水量远超预报，给潍坊市的调度造成了很大困难。此次台风降雨过程，降雨量为有气象资料以来历史同期最大值，一周内出现 2 次台风、一月内出现 3 次台风影响潍坊，这在历史上是从未出现过的。如果 8 月 17 日的天气预报对降水量的预测能更接近 174. 7 mm 这一实际值，黑虎山、冶源和嵩山三座水库完全有时间尽早开闸放水，以免寿光在更短时间内接受更大的泄洪量。

（二）警报传播：预警准备不足

警报传播是指将清晰的警报信息及相关的准备信息发送给可能受风险影响的受众。在这一阶段，相关机构将预报转化为警报，并通过适当手段加以传播，建议人们采取行动。这个阶段显示的是预测预警的制度维度。

8 月 18—19 日，寿光市政府防汛抗旱指挥部办公室连发四次通知，加大上游水库泄洪量。19 日 19 时 29 分，寿光市广播电视台官方微博发出了寿光市委、市政府办公室“关于做好防雨防灾紧急工作的通知”，并未明确指出公众应该采取何种行动。

导致这种情况的原因为，相比浙江、福建等常受台风侵扰的南方省份，山东每年遭遇的台风数量较少，即便碰上也大多是外围擦肩而过，鲜有正面登陆的，所受经济损失较少，但也存在应对经验不足的问题。在情势失控后，寿光市人民政府紧急出台各类文件，应急预案短时间内发布，各部门之间的协调配合以及政府的相应工作展开难以达到熟练程度。从表 3 – 1 可见，在 8 月 18 日寿光洪灾发生前后，寿光市人民政府在官网发布了多个文件。

表 3 – 1　寿光洪灾灾害应对文件

发布时间	发布单位	发布文件
8 月 15 日	市政府办公室	关于做好防风工作的通知
8 月 19 日	市政府办公室	关于弥河流域上游水库泄洪流量加大的预备通知
8 月 19 日	市政府办公室	寿光市人民政府防汛抗旱指挥部办公室连发四次《关于弥河上游水库加大流量泄洪的通知》

表3-1（续）

发布时间	发布单位	发布文件
8月19日	市政府办公室	关于做好防雨防灾紧急工作的通知
8月20日	市政府办公室	关于紧急到王口大桥进行抢险的通知
8月23日	市政府办公室	关于启动自然灾害救助应急一级响应的紧急通知
8月23日	市政府办公室	洪涝灾害灾后防病知识要点
8月24日	水利局	开展灾后丹河防洪病因会诊
8月26日	卫计局	灾区卫生防疫工作情况
8月26日	市政府办公室	关于水库泄洪的紧急通知
9月3日	市政府办公室	关于做好抗灾救灾和恢复生产期间安全生产工作的通知

注：资料来源于寿光市人民政府官网。

（三）响应行动：质疑大于行动

响应行动是指使受到威胁的受众能够理解风险并及时采取有效行动，准备应对风险。这一阶段警报被转化为行动，这个阶段显示的是预测预警的社会维度。公众只有对政府发布的预警信息充分信任，才能采取相应行动，真正采取避险行为，使得预警变得有意义。本案例中，预警发布以后，公众对于应急决策的质疑远远大于对政府的信任，从而无法采取有效的响应行动。所有的舆论质疑都集中在是否应该泄洪上，官方舆论一直处于十分被动的局面。在寿光抗洪前期，部分网民认为官方媒体未能及时跟进报道此事，引发一波负面舆情。无论是《齐鲁晚报》、大众网还是中国寿光网等对水灾的报道基本都是存在舆论引导模式的，报道的内容从一开始的陈述水灾情况、发布政府官方声明，再到正能量的新闻铺天盖地，却没有对公众质疑的话题进行报道。“政府主导的官方舆论场一旦与民间关注的民间舆论场相背离，舆论引导效果的弱化甚至走向反效果就无法避免。”①

为了使得公众信任政府并提高响应行动，可以从增加信任和提高公众风险认知两个方面着手。首先，增强警报可靠性的具体措施有：确保警报的原始发布由公众所信赖的权威机构完成，并在警报传递过程中注意维护其真实性，防止被扭曲，有关部门必须尽最大努力减少错误警报的发生概率，并进行持续性改善，以保持社会公众对于预警的信任。其次，提高社会公众对风险的认知能力的具体措施有：必须加强公共安全教育，增强社会公众的危机管理意识和技能；向社会公众传播有关警报传播的知识和鉴别警报来源可靠性的技能；在学校教育中设计公共安全的课程，增强社会公众的风险意识等。要不断加强应急计划，即应急预案的针对性、可操作性和持续改进性，加强预案的演练；社区要经常进行响应能力的评估，开展志愿者培训活动，发展社区公共安全教育，不断加强社区响应能力。

① 王俊莲，赵慧．政府突发危机事件应对与公共信息公开［J］．甘肃行政学院学报，2005（4）：50-51.

三、课堂习题

1. 2018 年“8 · 18”山东寿光洪灾避险失败的原因有哪些？

2. 在危机预警中，如何提高公众的响应行动？

第四章
应急响应与危机决策

第一节　应　急　响　应

一、案例描述：2013 年“4·15”波士顿马拉松爆炸案[①]

（一）事件发生背景

波士顿马拉松开始于 1897 年 4 月 19 日，是全球首个城市马拉松比赛，当时只有 15 位跑者参加。波士顿马拉松每年一次，从没间断过，通常在每年的爱国者日（四月的第三个星期一）进行。在 1986 年以前，波士顿马拉松一直沿用古希腊的方式，对优胜者的奖励只有头戴橄榄叶编成的花冠，颁发奖杯，但没有奖金。

波士顿马拉松沿袭了其古老的传统，优美的原野、点对点的快速赛道、空前的现场观众，一切都体现着这个古老马拉松的魅力。但遗憾的是，很多选手都无缘体验波士顿马拉松，因为它对参赛资格有严格限制。但这并没有阻止人们前去尝试，正是由于有了这种排他性，才更增加了波士顿马拉松的吸引力，世界尖子运动员都以在这个赛事中夺冠为荣。

2013 年有 2.8 万名跑步者参与，比赛奖金超过 80.6 万美元。比赛从波士顿正西方的 Hopkinton 出发，穿过 7 个小镇，最后在位于波士顿市中心的 Copley 广场结束。整个路线的起伏较大，特别是开始阶段。

（二）事件发生过程

1. 事件的爆发

北京时间 4 月 16 日凌晨，在美国波士顿当地时间周一（15 日）下午 2 时 50 分左右，波士顿马拉松比赛在终点线附近发生两起爆炸，爆炸是在马拉松冠军越过终点后两小时发生的。第一起爆炸后数秒钟又发生第二起爆炸。一些参赛运动员、比赛组委会志愿者受伤，现场浓烟密布、哭声一片，形势非常混乱。约 4 小时后，附近的肯尼迪图书馆又发生了第三次爆炸，但并未造成人员伤亡。此次袭击共造成 3 人遇难，超过 200 人受伤。

---

① 根据中新网. 波士顿爆炸案已致两死近百伤　现场发现爆炸物 [EB/OL]. (2013 - 04 - 16) [2021 - 07 - 30]. http://www.chinanews.com/gj/2013/04 - 16/4732561.shtml；中新网. 波士顿爆炸后　纽约迅速进入全城戒备状态 [EB/OL]. (2013 - 04 - 16) [2021 - 07 - 30]. http://www.chinanews.com/gj/2013/04 - 16/4732951.shtml；董向东，杜芳. 论恐怖事件危机管理体制和机制的建构：以波士顿马拉松爆炸案与“10·28”暴力恐怖袭击案为例 [J]. 公安教育，2014 (4)：43 - 48. 等资料编写。

2. 事件的处置

当地相关各方紧急采取了应急措施。波士顿警方联合当地交通部门已将所有通向爆炸现场的道路封锁。爆炸现场聚集了大量警车和救护车。爆炸现场附近的写字楼和大型商场都展开紧急疏散。马萨诸塞州州长要求人们不要聚集在公共场所，立即回到家中，等待当局进一步消息。当地警方已开通两条热线，一条用来帮助死伤者家属查询信息，另一条用来让公众提供爆炸事件线索。美国执法部门人员对美联社表示，当地的手机通信系统已经被紧急关闭，以防止有人通过手机遥控炸弹爆炸。在波士顿马拉松比赛发生爆炸事件后，距波士顿较近的两座核电站均加强了安保，这两座核电站位于马萨诸塞州的普利茅斯和新罕布什尔州的西布鲁克。目前两座核电站已对进入该地的车辆、材料和个人加强了安检。

反恐部队成员进入纽约时代广场通信指挥所。纽约警方已派遣1000名警员执行反恐任务，保护纽约市的安全。从曼哈顿42街第七大道向北，每一个街区都有穿制服的警察。在纽约第七大道的41街和42街之间的时代广场附近，多名警察在巡逻。纽约警察局官员表示，纽约已经向曼哈顿各重要区域派驻反恐车辆，包括著名酒店和隧道等。纽约警察正在密切关注街头监控摄像，以防类似事件发生。纽约地铁正在加强安保措施，纽约大都会捷运局宣布，将在地铁和通勤列车内增加巡逻，对乘客的书包等随身物品进行安检。

美国海军已派遣一支拆弹小组赶往波士顿，协助当地警方处理事件。拆弹小队由3人组成，隶属罗得岛的一个海军基地。美国情报部门对美联社表示，在爆炸现场又发现至少2个爆炸物,目前已被成功拆除。对于这起爆炸的性质,美国警方正在加紧调查中。

美国总统奥巴马在北京时间16日6时10分就波士顿马拉松爆炸事件发表全国声明。奥巴马说，爆炸发生后，美国将升级全国安保措施。奥巴马已与马萨诸塞州州长和波士顿市市长通电话，表达了他对伤者的关心，明确表示联邦政府愿意为当地政府提供一切必要的协助。奥巴马稍早时已经被告知有关波士顿马拉松爆炸的情况并下令联邦政府全力提供救助。美国当局目前在爆炸地区的上空实行了禁飞令。北京时间4月16日晚11时30分，美国总统奥巴马就波士顿马拉松爆炸案发表最新声明，正式将此次事件定性为恐怖主义的行为。奥巴马于当地时间16日下令美国白宫、政府大楼、军事设施以及船只降半旗，表达对爆炸事件遇难者的哀悼。据悉，奥巴马当天签署了一份公告书，下令对波士顿马拉松爆炸事件遇难者降半旗志哀，降半旗将持续至少5天，从4月16日直到20日。

事发后，奥巴马总统发表全国电视讲话时表示："在找出所有的证据和事实之前，大家不应该过早下结论。"包括美联社、美国有线新闻网等主流媒体在报道时，均谨慎地将其称为爆炸事件，强调事件的策划和实施者暂时不明。这表明，美国政府和新闻媒体对该事件的反应较为冷静，这为控制事件影响扩大，防止别有用心势力炒作，安抚疏导民众情绪起到了积极作用。直到事发后第2天，在白宫就爆炸事件发表第2次讲话时，奥巴马才称这起事件是“可恶的、懦弱的行为，联邦调查局正按照恐怖主义行为进行调查”“任何用炸弹袭击无辜平民的行为都是恐怖行为”。

3. 事件的恢复

直到2013年4月19日，波士顿一直处于重兵把守的空城状态。联邦调查局采用脸部识别技术分析了成堆的图像，最终确定了嫌疑人：19岁的焦哈尔·察尔纳耶夫和他26岁的哥哥塔梅尔兰。察尔纳耶夫和塔梅尔兰携带装满火药和钉子的高压锅炸弹，在波士顿马拉松比赛现场实施爆炸袭击。塔梅尔兰首先引爆了第一枚炸弹，12秒后两人又引爆了第二枚炸弹。几天后，警方在搜捕行动中与察尔纳耶夫兄弟发生交火，塔梅尔兰被当场击毙，察尔纳耶夫则被逮捕。

2015年5月，12名陪审员组成的美国联邦陪审团裁定察尔纳耶夫30项罪名成立，判处其死刑。这也是自“9·11”恐怖袭击后，美国联邦法院首次对恐怖袭击案件的犯人判处死刑。但2019年12月，察尔纳耶夫提起上诉，他声称自己“没有得到公正的判决”，其辩护律师也称这起案件在波士顿审判是“不公正的”，并暗示塔梅尔兰才是爆炸的“主谋”。最终在2020年7月31日，上诉法院三名法官一致认定陪审员的人选“没有做到公正”，可能存在“偏见”，有“预设立场”，并以此推翻了死刑判决。

（三）事件原因分析

美国时间2013年4月15日下午2时50分左右，美国东北部大西洋沿岸城市波士顿市发生3起爆炸，2起在马拉松比赛终点线附近，1起在肯尼迪图书馆，事件造成了3人遇难，260余人受伤。美国官方定性为恐怖袭击。

在“9·11”恐怖袭击后，美国政府大大加强了国内外的反恐力度，在纽约、华盛顿等大城市更是布下了层层的反恐防御系统。那么为何还会发生如此大规模的恐怖袭击呢？对此，反恐专家李伟先生认为，这主要是因为美国政府对除了纽约、华盛顿之外的反恐部署力度还不够，此外马拉松开放的比赛环境也加大了反恐的监测难度。

海军少将、海军信息化专家委员会主任尹卓先生认为，这次恐怖袭击带有浓重的文化背景，反映了美国当时面临的恐怖主义问题，也反映了阿拉伯世界和伊斯兰世界广泛的反美情绪。

二、案例应用：应急响应的措施有哪些？

根据美国2008年1月发布的《国家应急响应框架》，应急响应就是指“立即采取行动以挽救生命、保护财产与环境、满足人的基本需要。响应还包括实施应急预案及支持短期恢复的活动”。应急响应措施是指危机的事态趋于稳定前所采取的一系列紧急处置措施，包括三方面内容：一是解决迫在眉睫的问题（搜索与救援，医疗急救，进行疏散，开展灾害评估，处置危险源影响，提供水、食品及避难场所，进行卫生管理等），二是协调与支持行动（维持治安，提供社会心理咨询服务，对捐赠进行管理，协调等），三是关键基础设施的快速恢复。由于在2013年“4·15”波士顿马拉松爆炸案中，未造成大规模关键基础设施的损失，因此从解决迫在眉睫的问题和协调与支持行动两方面分析美国政府的应急响应措施。

在波士顿马拉松爆炸案发生后，美国政府立即采取了一系列措施，来解决迫在眉睫的问题。首先升级了安全保障措施，包括搜索与救援伤者，对伤者进行医疗急救；对群众进行紧急疏散，加强周边巡逻和安检，实行禁飞令，最大限度避免了人员伤亡。其次处置危险源的影响，美国海军已派遣一支拆弹小组赶往波士顿，协助当地警方处理事件，由三人组成的拆弹小组在爆炸现场发现并拆除了两个爆炸物，限制了灾害影响范围，避免了爆炸危机的扩大、升级。

美国政府接着进行了协调与支持行动，如整合资源、情报共享等。此次参与处置行动的人员接近9000人，涉及联邦、州、地方的30多个相关机构，其中既有执法单位、医疗急救单位，也有武装力量和社会团体，甚至包括各家媒体。在联邦调查局牵头的联合反恐特别行动组的统一调度下，各单位信息共享、分工合作，协调有序、运作高效，实现了资源效益最大化。爆炸发生后，联邦调查局为了专心处理恐怖袭击事件，舍弃以往的紧急报警电话911，专门设立了报警专线“800—呼叫—联邦调查局”，并通过各家媒体滚动公告。奥巴马总统等各级官员反复呼吁民众提供情报线索，并提醒公众配合调查人员的询问和取证工作。除了常规的善后事宜，美国政府还采取多种措施来削弱爆炸案对社会和公众造成的恐慌，并设法堵塞安全漏洞，如对国际学生的签证进行严格核查等。美国政府也在谨慎地定性和评估此次事件，事发后第2天，在白宫就爆炸事件发表第2次讲话时，奥巴马才称这起事件是“可恶的、懦弱的行为，联邦调查局正按照恐怖主义行为进行调查”“任何用炸弹袭击无辜平民的行为都是恐怖行为”。

波士顿马拉松爆炸案发生后，由于美国政府及时完善的应急措施，使得没有发生后续灾害，最大限度地避免了后续伤亡，其中排除了至少两个未爆炸的炸弹更是解除了危险源的影响。

三、课堂习题

结合案例谈谈，应急响应有哪些措施？

第二节 危 机 决 策

一、案例描述：2006年“6·7”福建建瓯市高考延期事件[①]

（一）事件发生背景

① 根据肖铮，王亿钦，龙超凡．为了4681名高考生［N］．中国教育报，2006－06－15（001）；李宝成，林秀英，魏剑生．建瓯高考圆满“交卷”［N］．闽北日报，2006－06－15（001）；卓立筑．2006年福建省建瓯市延期高考事件处置的启示［J］．中国应急管理，2008（5）：59－61．等资料编写。

建瓯市位于福建省北部、武夷山脉东南面、闽江上游，建瓯市城区坐落在建溪、松溪交汇处。2006 年 6 月 3—8 日，建瓯市和建溪、松溪上游县（市）普降大暴雨到特大暴雨，由于连日大雨，建溪、松溪河水猛涨，致使建瓯市区水位高达 103.95 m，超危险水位 7.95 m，造成了近 50 年一遇的特大洪灾。城区受淹面积达 65%，供水、供电和交通中断。当天，建瓯市的 5 个考点、196 个考场均遭水淹。尽管当地政府立即组织人员全力抢险，可直到 7 日 7 时，城区各处洪水仍深达 1 ~ 3 m，且此时暴雨仍在继续。

（二）事件发生过程

1. 事前的准备

在前兆阶段及早预警，及时认知。进入汛期，防汛、气象等部门启动了预警机制，加强雨情、水情监测。在洪水超过警戒水位时，迅速启动四级防洪预案，做好应对洪灾的各项准备。在洪水超过危险水位时，针对洪水可能威胁高考如期举行的情况，要求教育部门做好延期高考准备。

2. 事件的爆发

2006 年 6 月 6 日，市区洪水情况严峻，关于高考两个方案在讨论中出炉：第一方案是若水退去后，立即调动一切可调用的人手清理、准备考场，且赶在 9 时前完成，同时出动所有公交车免费接送考生。第二方案则是申请延期考试，做好复考准备。6 月 7 日早上 6 时，由于没有接到上级关于延期考试的通知，建瓯教育局只得通知家长想办法送考生进考场。而此时，建瓯 5 个考点有 3 个考点被淹，水深达 1 m 多；而通往建瓯三中的道路水深近 2 m。原先备用的 20 余辆“高考专用车”完全派不上用场。只有 10 余辆冲锋舟来回行驶在主要交通路口与考点的路上。在路口，几千名考生和家长争着往冲锋舟上挤，好几次冲锋舟差点翻了。望着黑压压的人群，南平市教育局副局长估计，9 时前完全不可能将每一位考生安全送达考点，因此面临一个重要的危机决策：高考是否延期？如果高考不延期，那么学生可能面临生命危险和无法赶到考场的风险，但是如何延期，该市领导没有决策权，并且上报批复的时间可能不够了，到底应不应该延期，是面临的一个决策困境与决策选择。

经讨论，建瓯市领导作出了危机决策，决定冒着批复时间不足的风险，作出延期高考的决策，并向上级请求延期高考。建瓯市委书记立即致电南平市委书记、市长；南平市又立即致电福建省招委会和省教育厅厅长。福建省招委会同意了建瓯延期高考的申请。随后，省教育厅厅长立即向教育部考试中心、福建省向国务院申请汇报。这层层上报过程不足 30 分钟。7 时，建瓯市教育局通过手机、电话紧急通知学校、考生及家长。教育部同意了建瓯延期考试的申请，要求福建省启动突发事件应急预案，该考区择期组织考试。

温家宝总理 7 日当天作出“做好建瓯延期高考的各项准备工作”批示；福建省委书记、省长随后也作出批示。省教育厅厅长 7 日下午赶到建瓯，亲自指挥延期高考准备工作。8 日，大雨亦然，前往建瓯的公路多处塌方，火车也因山体滑坡停开。福建省省长赶到建瓯，视察雨情，并对延期高考提出“三个确保”要求，即确保无一考生因自然灾害缺考、确保考生复考来去安全、确保考试平稳有序。同一天，省教育厅成立建瓯延期高考指挥小组，当天便启程奔赴建瓯，原本40分钟的行程，因多处山体滑坡，在火车上待了8小时之久。

建瓯市把考生的生命安全放在第一位，按照凡事“想在前做在前”的要求开始工作。为防止考生在回家路上不安全，建瓯市安排考生集体住宿舍，宿舍被淹的则统一安排住招待所；为防止考生在外吃饭感染疾病，建瓯市安排考生集体在食堂吃饭，并补助伙食费。由于部分考生对延期高考的政策不了解，情绪有些不稳定。为此，9日上午，省教育厅指挥小组召开省、市、县三级会议，明确了B卷与A卷有“五个一样”：命题教师一样，试卷难易一样，试卷题型一样，试卷分值一样，试卷评分标准一样。会议一结束，省教育厅副厅长等人就马不停蹄地奔波于5个考点，向考生宣传。当天，建瓯市电视台也滚动播出“五个一样”。最终当年的高考在13日、14日两天正常进行。

3. 事件的处置

在紧急阶段快速反应，积极应对。6月6日中午洪水涌进城区，迅速启动预案，并紧急动员全市相关车辆、竹筏和小舢板，组成“高考车队”，在大街小巷严阵以待。6月6日15时，召开第一次高考会议。确定了“两手抓”，一手抓确保“如期高考”，制定了考场清理、消毒防疫、供电保障等应急措施，确保考生顺利进入考场；一手抓延期高考预案建设，做好“延期高考”的准备。6月6日20时，召开第二次高考会议。根据新的雨情、水情，决定启动延期高考预案，并向上级申请延期高考。福建省、建瓯市领导根据水文气象部门的预测，同时考虑到考生已经把考试状态调整到位，要求建瓯不到万不得已，尽量确保与全国同步高考。6月7日1—7时，建瓯市委书记冒雨乘冲锋舟赶往各考场和城区重点部位察看水情。面对洪水已经威胁到考生的安全、更多考生无法按时到达考场参加高考的实际情况，现场作出“延期高考”决策。6日晚10时至7日凌晨1时，两个半小时水位仅仅下降11 cm，洪水并没有按照预测的“每小时20 cm的速度退去”。面对“洪水已威胁考生安全，更多考生不能按时到达考场”的严峻形势，在缺乏最终决策权的情况下，适时作出了延期高考的决策建议。

4. 事件的恢复

在相持阶段抗灾救灾，恢复重建。6月7日下午，洪水一退，迅速成立高考工作领导小组，下设12个专项小组，开展灾后恢复自救。围绕“五个确保”，即确保考点正常运转、确保无人因灾缺考、确保全体考生安全、确保考务万无一失、确保考生情绪稳定，紧急投入抢险救灾，迅速做好延期高考准备工作。10日上午9时，市、县两级招委会负责人在建瓯市教育局现场签字同意13日、14日举行复考；随即，建瓯市教育局将申请分别传真给省招委会和教育厅，省教育厅立即批复同意，然后向教育部申请，当天18时得到批准。在发出申请的同时，建瓯市教育局开始草拟《致高考考生的一封信》电视稿、广播稿。18时，接到批准通知后，他们立即在拟定的通知上填上复考时间，连夜发出通知。当天的电视、广播也滚动播出考试时间。11日，教育局专门组织了20辆中巴车，前往东峰中学接 367 名农村考生，然后安排统一住宿。交通、卫生、电力等部门全力配合，一切准备工作就绪。12 日，建瓯教育局仍召开会议，检查反思每一个环节，为每个考场准备了 2B 铅笔、黑色签字笔、橡皮、矿泉水等。13 日、14 日两天正常进行高考。

在评估阶段总结经验、完善预案。召开有关会议，总结经验；组织相关部门，修订完善各类应急预案，同时建立政府应急管理办公室，配备专职人员。

面对这一突发公共事件，建瓯市委、市政府紧急启动应急预案，并有条不紊地全力做好延期高考的各项准备工作，于 6 月 13—14 日顺利完成了这次新中国成立以来以县为单位的规模最大的一起因灾延期高考，做到了考生无一人因灾缺考，考试质量稳定，考生及其家长满意，没有发生一起因延考原因造成的上访事件。

大部分民众尤其是受灾严重地区非常认可和支持福建建瓯市此次及时的危机决策，把民众生命安全放在了第一位，后续措施也使得众多考生安全、公平地参与了高考。此外，部分家长对于复考的卷子有疑问，但后续也得到了政府的解决。数学考试结束后一些考生感觉 B 卷比 A 卷难，部分家长为此上访。为消除家长顾虑，主要领导亲自接待上访家长，与家长"零距离对话"，就高考为什么要延期和使用 B 卷考试向家长宣传解释，消除了一起次生危机。

（三）事件原因分析

建瓯市位于福建省北部、武夷山脉东南面、闽江上游，建瓯市城区坐落在建溪、松溪交汇处。2006 年 6 月 3—8 日，建瓯市和建溪、松溪上游县（市）普降大暴雨到特大暴雨，由于连日大雨，建溪、松溪河水猛涨，致使建瓯市区水位高达 103.95 m，超危险水位 7.95 m，造成了近 50 年一遇的特大洪灾。城区受淹面积达 65%，供水、供电和交通中断，当天，建瓯市的 5 个考点、196 个考场均遭水淹。尽管当地政府立即组织人员全力抢险，可直到 7 日 7 时，城区各处洪水仍深达 1 ~ 3 m，且此时暴雨仍在继续。考虑到一是洪水危及考生安全；二是四千余名考生加上远超其数量的家长，很难确保在两小时内到达考场；三是有更多考生因居住在受灾严重的偏僻地方很难如期到达考场。因此原定于 6 月 7—8 日进行的高考延期举行。

二、案例应用：如何提升危机决策力？

危机决策是有关决策组织和人员在高度逆境中（有限的时间、资源、人力等约束条件下）应对危机情境而作出的战略与策略选择。危机决策最为核心的是多种策略的选择，福建建瓯市发生的延期高考事件处理就是典型的危机决策。7 月 7 日高考当天，建瓯市领导面临的策略选择有两种：一是高考继续举行，需要承担的风险是学生的生命安全受到威胁；二是高考延期举行，面临的困境是没有决策权，审批时间可能不够。建瓯市领导最终作出的危机决策很好地应对了这次危机。下面根据案例分析如何提升危机决策力①。

① 帅涛．我国地方政府公共危机决策能力提升研究［D］．郑州：郑州大学，2010.

（一）培养危机决策理念

首先，要了解危机决策与日常决策的区别。在决策目的上，日常决策是为了解决常见公共问题，而危机决策是为了迅速控制危机事态蔓延；在约束条件上，日常决策是充足、从容的，而危机决策是急迫、及时的，日常决策信息比较完备，人力充足，训练有素，技术及装备成熟；而危机决策的信息比较有限，人力缺乏，训练不足，技术及装备不足。在决策模式上，日常决策需要民主科学应对，操作规程标准；而危机决策需要快速应对，决策权集中，需打破常规，也需专家介入。在决策效果上，日常决策可控可调可预期；而危机决策结果难料，风险极大。

其次，危机决策者应该提高个人素质。危机决策水平与决策者的素质和能力有直接关系。正确的危机决策要求决策者必须是综合型、复合型、高技能人才。决策者的综合素质具体包括：要求决策者善于发挥非理性因素在危机决策过程中的重要作用。非理性因素包含认识、直觉、灵感、顿悟、情感、意志、兴趣、无意识等，这些非理性因素能够弥补决策者理性的缺憾。还要求决策者具有较高的心理素质，如沉着冷静、自制力好、勇敢果断等。在本案例中，建瓯市领导具备良好的危机决策素质，深入一线，靠前指挥，及时掌握危机动态，同时根据危机发展的不同阶段，灵活采取应对策略，从而化“危”为“机”，体现了较高的决策素质。

（二）完善决策信息系统

“有限性”理论认为，信息的不完备是制约危机决策的一个重要因素。要正确进行决策，政府部门必须不断加强信息系统的建设，构建健全的信息网络，确保信息准确真实和传递畅通。有效的决策信息系统应该包括信息搜集、信息处理、信息报告、信息公开等内容。在2006年福建建瓯市高考延期事件中，决策者一开始之所以陷入决策困境，是因为早期的危机信息收集能力不足，未能有效预测到高考当天的雨量。此外，该案例的危机决策中，也体现了信息报告机制的重要性，在未报告延期的情况下能否延期，是本案例的讨论核心。显然，如果决策者能够提前一段时间进行报告，也不会陷入决策困境。

也应该看到，在本案例中，决策者进行了较为成功的信息公开。为确保每一位考生第一时间收到高考延期消息，公安、武警、各级干部驾驶冲锋舟持高音喇叭逐条街道公布信息，在市区交通要道张贴高考延期公告，并通过有线电视、手机短信、电话、广播等形式紧急告知市民。协调配合各家新闻记者的采访活动。同时，完善新闻发布制度，通过主流媒体发布信息。建瓯市主要领导主动接受《人民日报》、中央电视台、新华网、《新民周刊》、《中国教育报》、《福建日报》、福建电视台等新闻媒体记者的采访，从不同角度全面介绍抗洪救灾、延期高考、应急抢险的情况。通过这些措施，得到了新闻媒体与记者的支持，各个媒体都从正面连续报道高考延期事件，引起全国广泛关注。另外，注重民意，及时沟通。数学考试结束后，一些考生感觉B卷比A卷难，部分家长为此上访。为消除家长顾虑，主要领导亲自接待上访家长，与家长“零距离对话”，就高考为什么要延期和使用B卷考试向家长宣传解释，消除了一起次生危机。

（三）完善危机决策制度

危机决策制度是指保障危机决策进行的体制、机制、法制等制度。在本案例中，建瓯市高考延期能够顺利进行，也体现了决策制度的重要性。

首先，建瓯市举办的三次高考会议发挥了重要作用。一是 6 日 15 时，召开第一次高考会议。确定“两手抓”，一手抓确保“如期高考”，制定了考场清理、消毒防疫、供电保障等应急措施，确保考生顺利进入考场；一手抓延期高考预案建设，做好“延期高考”准备。二是 6 日 20 时，召开第二次高考会议。根据新的雨情、水情，决定启动延期高考预案，并向上级申请延期高考。福建省、建瓯市领导根据水文气象部门的预测，同时考虑到考生已经把考试状态调整到位，要求建瓯不到万不得已，尽量确保与全国同步高考。三是 7 日 7 时，作出延期高考决策。6 日晚 10 时至 7 日凌晨 1 时，两个半小时水位仅下降 11 cm，洪水并没有按照预测的“每小时 20 cm 的速度退去”。面对“洪水已威胁考生安全，更多考生不能按时到达考场”的严峻形势，在缺乏最终决策权的情况下，适时作出了延期高考的决策建议。

其次，案例中也体现了危机协调机制。建瓯市各部门联动，协同作战。为尽快恢复高考，建瓯市教育、公安、卫生、建设、电力、水利等部门快速联动，民政、交通、国土等部门协调配合，全市取消双休日，投入恢复高考。仅 3 天时间，考场清理、消毒杀菌、供水供电等复考各项工作准备就绪。

三、课堂习题

1. 什么是危机决策？
2. 如何提升危机决策力？

第五章
公共危机的恢复管理

第一节　恢复资金管理

一、案例描述：2008 年“5·12”汶川大地震[①]

（一）事件发生背景

汶川县隶属四川省阿坝藏族羌族自治州，地处四川省西北部、川西北高原和阿坝藏族羌族自治州东南部，四川盆地西北部边缘，东邻彭州市、都江堰市，南靠崇州、大邑两县，西接宝兴与小金县，西北至东北分别与理县、茂县相连。汶川还处于青藏高原与扬子地块交界的龙门山逆冲推覆断裂带上，该断裂带是青藏高原和华南地块的边界构造带，经历了长期的地质演化，具有十分复杂的地质结构和演化历史。由于印度板块向欧亚板块俯冲，造成青藏高原快速隆起、变形和深部物质的流动。

“5·12”汶川大地震发生于北京时间 2008 年 5 月 12 日 14 时 28 分 4 秒，震中位于四川省阿坝藏族羌族自治州汶川县映秀镇，地震的面波震级为 8.0 级。地震波及大半个中国以及亚洲多个国家和地区，中国国内北至内蒙古，东至上海，西至西藏，南至中国香港、中国台湾等地区均有震感，泰国、越南、菲律宾和日本等国均有震感。地震严重破坏地区约 50 万 km^2，其中极重灾区共 10 个县（市），较重灾区共 41 个县（市），一般灾区共 186 个县（市）。

截至 2008 年 9 月 25 日，地震共计造成 69227 人遇难、17923 人失踪、374643 人不同程度受伤、1993.03 万人失去住所，受灾总人口达 4625.6 万人，造成直接经济损失 8451.4 亿元。汶川大地震是中华人民共和国成立以来破坏性最强、波及范围广、灾害损失最重、救灾难度最大的一次地震。

（二）事件发生过程

1. 灾前防灾

① 根据汶川特大地震四川抗震救灾志编纂委员会．汶川特大地震四川抗震救灾志：总述，大事记［M］．成都：四川人民出版社，2017；陆嘉楠．我国政府地震应急管理体制研究［D］．上海：上海交通大学，2011；王巍．我国重大地震灾害应急响应能力评价研究［D］．哈尔滨：中国地震局工程力学研究所，2020；彭宗超．汶川大地震后的政府应急响应评析［J］．中国浦东干部学院学报，2008，5（4）：53－57．等资料编写。

汶川当地的经济发展水平相对较为落后，建筑多建于20世纪90年代，预制空心楼板中大量使用冷拔低碳钢丝构件房屋，农村建筑中大量使用土筑墙等形式，主要材料多为泥、砂或糯米，其抗震性和整体性均不佳，无力抵抗里氏8.0级地震。

1976年唐山大地震后，我国没有发生过如此重大的地震，因此当地人民群众对于特大地震的警惕性较低，较少有人了解地震的防灾知识和自救措施，在地震灾害来临时是慌乱无序的避难状态。

在汶川大地震之前，汶川较少发生过重大灾害，因此对应急管理不够重视，虽然各级政府有地震应急预案，但是仅仅停留在“纸上谈兵”阶段，对于应急管理专业人员的培养几乎没有，也没有专业的应对技术。汶川是一个较为落后的小县城，对于防灾的物资储备很少，不足以用于灾害前期的应对。

2. 应急响应

2008年5月12日14时28分4秒，四川省阿坝藏族羌族自治州汶川县境内发生里氏8.0级地震，震中位于四川省汶川县映秀镇西南方（地理坐标为北纬31.0°，东经103.4°），地震最大烈度11度，地震影响波及大半个中国，全国25个省（区、市）有明显震感。地震影响范围涉及全国10个省（区、市）的417个县（市、区），其中四川、宁夏、陕西、甘肃及重庆5个省（区、市）受灾最为严重，共有4467个乡（镇）的48810个村庄，灾区总面积达50万km^2。四川全省有20个市（州）不同程度受灾，重灾区面积超过10万km^2，涉及6个市（州），其中北川、什邡、绵竹、汶川、彭州、都江堰、青川等县（市、区）受灾最为严重。

地震后，汶川又发生多次余震，截至2009年5月27日中午12时，共记录到余震54971次，最大余震为6.4级。地震极重灾区阿坝州，地震引发滑坡、崩塌和泥石流等各类地质灾害2.1万处，涉及人民群众生命财产安全的重大地质灾害隐患2265处。地震形成堰塞湖104处。地震及次生地质灾害造成了基础设施的严重损毁，15条国道省道干线公路和宝成铁路中断，电力、通信、供水等系统大面积瘫痪。同时，还造成堰塞湖35处，引发2385座水库出现险情，给灾区救援工作造成很大困难。

对于这样的一次特大地震灾害，中央政府的反应非常迅速，一个多小时之后中央作出决定启动Ⅰ级地震灾害应急响应。汶川大地震发生后我国先后对国家层面的应急预案进行了5次大的修缮。地震发生后，中国地震局启动Ⅰ级应急响应；各级机构、部门纷纷启动Ⅰ级响应。震后1小时成立了国务院抗震救灾总指挥部，从中央到地方各级政府及职能部门都成立了抗震救灾指挥部，各级指挥部又设立了各种救援小组，负责决策指挥。部门联动，形成协同合力。

汶川大地震信息公布高度透明，堪称新中国成立以来速度最快、内容最全面的一次。地震发生后不久，中国地震局就向国务院应急办立即进行了地震三要素等信息的上报，十多分钟后，新华社通过电视、广播、网络等形式向社会公众进行了发布。当天下午，中国地震局举行紧急新闻发布会，通报汶川大地震的基本参数和波及范围，并指出中国地震局已启动Ⅰ级预案，展开有关应急救援工作。国务院下午举行新闻发布会；四川周边多个省区以手机短信等方式向民众发布地震实情，澄清不实传言；不少电视媒体利用其覆盖率进行24小时滚动播报，让公众及时了解地震灾情的救援进展。

在汶川大地震应急救援过程中，社会动员发挥了突出作用。全国人民踊跃参加为灾区献血、募捐等活动，政府、企业与第三部门之间有效地组合力量。中国企业勇于承担社会责任，向灾区慷慨捐款捐物，提供各类设备和物品；众多非政府组织与政府应急模式形成互补；没有直接参与救灾的公众也积极以捐款、献血等形式支援灾区。此外，还加强防灾、减灾、抗灾方面的国际合作，主动接受世界其他国家的国际援助。

政府各方措施见表5-1。

表5-1 政府各方措施

中央政府	中共中央政治局常务委员会	召开紧急会议，决定成立抗震救灾总指挥部。总书记胡锦涛立即作出重要指示，要求尽快抢救伤员，保证灾区人民群众生命安全
	国务院	震后1小时成立了国务院抗震救灾总指挥部，设立9个抗震救灾工作组；温家宝总理在震后2小时赶往离震中最近的都江堰市，并设立救灾总指挥部，亲自指挥抗震救灾工作
	中国地震局	启动应急预案一级响应，作出灾情快速分析并上报国务院抗震救灾总指挥部；向各省份通报灾情；召开新闻发布会发布震情灾情信息；国家地震灾害救援队紧急动员部署，当天到达灾区开展救援
	国家减灾委、民政部	启动一级响应，紧急调拨救灾物资支援灾区；民政部部长随温家宝总理紧急赶赴灾区，并组成救灾工作组即赴四川汶川灾区
	军队	启动应急预案，派出直升机查看灾情，出动兵力参加抗震救灾；第一支救援队在震后的十几分钟就奔赴灾区；解放军和武警部队共投入力量约13.7万人
	财政部	启动财政应急保障预案，积极筹措及时拨付救灾资金
	中国气象局	紧急启动应急预案Ⅱ级响应，全程做好监测预报及服务
	卫生部	了解灾区人员伤亡情况和医疗卫生应急救援方面的需求，并及时作出应急队伍等方面的援助安排
	工业和信息化部、交通运输部等交通通信部门	分别启动各自的应急预案，全力以赴保障抗震救灾工作顺利进行
	公安部、水利部、教育部等	迅速出台相关保障措施，指挥灾区抗震救灾
地方政府	四川省	省指挥部迅速组织协调各方救援力量赶赴灾区，紧急组织地方部队、公安民警、公安消防近4万人就地就近投入救灾
	陕西省、甘肃省	省级指挥部在地震当天成立，各地市级政府成立了各级抗震救灾指挥部，根据地震应急预案建立了全面的组织指挥体系；省委、省人大、省政府、省政协班子的领导全部参加指挥部相关工作，组织协调和安排部署各项具体工作
	北京等21省市	分别对口支持四川的一个重灾县

汶川大地震的应急响应总体来看是成功了，并主要呈现出以下五个特点：

第一，反应快速。中央政府的反应非常快。十几分钟之后中国地震局就发布了正式的地震消息，迅即启动一级响应。地震后18分钟，军队也启动了应急预案。一个多小时之后，中央领导作出反应，温家宝总理启程奔赴抗震救灾前线；国家减灾委员会启动二级响应，民政部部长已随温家宝总理紧急赶赴灾区，并组成救灾工作组即赴四川汶川灾区，协助指导抗震救灾工作。继而两小时后，国家地震灾害紧急救援队第一批约40人出发，搭机赴四川地震灾区；中国气象局已经紧急启动应急预案Ⅱ级响应，中国气象局副局长率工作组亲赴灾区指导工作。当晚中共中央政治局常委召开紧急会议研究部署抗震救灾工作，并且决定成立抗震救灾总指挥部，由温家宝同志任总指挥，全面负责当前的抗震救灾工作。地方政府的反应也非常快。灾情发生后，四川省委书记、省人大常委会主任在第一时间作出批示，要求灾区各级党政干部要在抗灾第一线组织党员干部群众进行抗震救灾工作。一是迅速抢救伤员；二是把灾区受灾群众转移到安全地带；三是保障受灾群众有饭吃、有衣穿、有房住；四是维持好社会秩序，确保社会稳定；五是地震部门要加大监测和预报工作，及时发布有关信息；六是省级有关部门要迅速行动，采取有力措施组织好抗震救灾工作；七是新闻单位要正确引导舆论。四川阿坝州人民政府宣布从灾害发生之日起，启动破坏性地震应急预案，并要求阿坝州各县、各部门、各单位要在阿坝州防震减灾指挥部的统一领导下，迅速投入抗震救灾行动中，自觉履行相关职责。

第二，非常有效。各级政府的快速反应，使得救灾总体上富有成效。在党中央、国务院和中央军委坚强领导下，在各级政府、社会各方共同努力和密切配合下，抗震救灾各项工作都取得了重要进展。据总参谋部报告，截至6月30日24时，抢险救灾人员已累计解救和转移1472094人。据住房和城乡建设部报告，截至6月30日，地震灾区过渡安置房（活动板房）已安装388300套、正安装22700套、待安装45600套，生产基地已发运18800套、待发运65200套。据财政部报告，截至7月1日12时，各级政府共投入抗震救灾资金548.25亿元。中央财政投入497.11亿元，其中应急抢险救灾资金197.11亿元，灾后恢复重建资金300亿元。据水利部报告，截至7月1日12时，受损水厂累计8426个，已修复6869个；受损供水管道累计48275.5 km，已修复44356.8 km。据交通运输部报告，截至7月1日12时，公路受损里程累计53295 km，已修通52357 km。据商务部报告，截至7月1日12时，四川、甘肃、陕西因灾受损商业网点（含个体工商户）总计138960家，已有124672家恢复营业。

第三，以人为本。此次救灾应急响应最核心的目标就是拯救生命，一方面尽一切努力搜救困在废墟中的幸存者，另一方面调集医疗力量尽力救治受伤群众。据卫生部报告，截至7月1日12时，因地震受伤住院治疗累计96373人（不包括灾区病员人数），已出院85858人，仍有7874人住院，其中四川转外省市伤员仍住院4837人，共救治伤病员2427849人次。更值得一提的是，这次抗震救灾应急响应中各有关方面开始重视灾后群众的心理救援，并且国务院还首次决定为这次大灾难中遇难同胞设立全国哀悼日（5月19—

21日)。这些都充分体现了政府执政为民，一切救灾行动都以人为本，生命价值至上等理念。

第四，信息透明。此次地震震情、灾情、救灾行动等一切相关信息都高度透明。国务院新闻办在灾后初期的10多天里每天都有一场新闻发布会，四川省政府也是每天都举行新闻发布会，中央及地方的广播电台、电视台都全天候直播抗震救灾的最新进展，其他平面媒体、网络媒体等也都高度关注并及时报道有关的灾害和救灾信息。特别是国家还开放了境外媒体及时赴灾区参与报道。信息的充分透明共享既把灾后的各种谣言传播限制在最小范围，也在全社会和全世界范围发挥了信息的自发动员作用，调动各方共同参与救灾行动。

第五，合作应对。这不仅包括国内不同层级和不同部门的政府机构之间相互合作，而且涉及政府与社会各类企事业单位和民间组织等之间的通力配合，还包括真诚接受各种国际人道主义援助等。

同时，也应该看到这次巨灾暴露了我国在防震减灾和抗震救灾方面的诸多问题：受灾地区有关政府部门对该地区的中长期地震风险重视不够，灾前普遍没有做好应对地震风险的各项准备与防灾减灾工作，如建筑的防震标准普遍偏低，尤其是学校、医院等建筑的防震标准偏低；应急避难场所的建设，除了成都外其他城市普遍没有进展；政府及权威媒体灾前对公民的防震教育普遍缺位；其他与抗震救灾相关的巨灾保障性准备也非常欠缺，如交通保障、通信保障、物资保障、设备保障和巨灾风险保障等均不充分；国家及地方的地震专业救援队伍建设远远满足不了实际的救灾需求；众多部门及相关主体卷入救灾后的前线指挥依然存在协调不畅的问题等。

3. 恢复重建

截至2008年9月，“5·12”汶川大地震造成直接经济损失8451.4亿元。其中四川的损失占总损失的91.3%，甘肃占5.8%，陕西占2.9%，其他各省的损失之和不到20亿元。文物损失、档案损失和生态环境破坏等间接损失未统计。其中建筑物和基础设施的损失很大，占总损失的七成。民房和城市居民住房的损失最大，占总损失的27.4%。基础设施包括道路、桥梁和其他城市基础设施的损失为其次，占21.9%，包括学校、医院在内的其他非住宅用房的损失为第三，占20.4%。地震也造成了极大的环境破坏。由地震触发大面积的滑坡、崩塌、堰塞湖、泥石流、地裂缝、地震陷坑和砂土液化，对土地资源破坏严重，导致大量土地灭失，耕地、林地大范围被毁。

2008年6月4日，国务院第11次常务会议通过《汶川地震灾后恢复重建条例》。2008年6月18日，《汶川地震灾后恢复重建对口支援方案》正式颁布，统一部署对口支援任务，创新提出“一省帮一重灾县，举全国之力，加快恢复重建”。明确要求19个省市以不低于1%的财力对口支援重灾县市3年。其中支援方为广东、江苏、上海、山东、浙江、北京、辽宁、河南、河北、山西、福建、湖南、湖北、安徽、天津、黑龙江、重庆、江西、吉林共19个省市，受援方为四川省北川县、汶川县、青川县、绵竹市等18

个县市，以及甘肃省、陕西省受灾严重的地区。主要援助项目为提供规划编制、建筑设计、专家咨询、工程建设和监理以及建设和修复学校、住房、医院、交通等内容。至2010年5月12日地震后两周年，对口支援省份完成投资已经超过640亿元，完成预期目标的80%以上。

从2008年10月到2010年9月，灾区纳入国家重建规划的29700个重建项目已开工99.3%、完工85.2%，概算总投资8613亿元，已完成7365.9亿元、占85.5%，圆满完成中央“三年重建任务两年基本完成”的目标。受灾群众住进了新房，公共服务设施全面上档升级，重建城镇初展新姿，基础设施根本性改善，产业发展优化升级，防灾减灾能力显著提高。截至2012年5月，四川省纳入国家灾后恢复重建总体规划的29692个项目已完工99%，概算投资8658亿元已完成投资99.5%；地震灾区实现了“家家有房住”，基本实现了“户户有就业”“人人有保障”。

（三）事件原因分析

1. 自然原因

“5·12”汶川大地震产生的根本原因是印度板块对欧亚板块（青藏高原）持续的推挤作用，强大的推挤力通过青藏高原向四川盆地西部的龙门山断裂带传递，导致这一地区产生持续的应力和能量积累，并最终超过了龙门山断裂带的中央主断裂——映秀—北川断裂的承受能力，使其突然破裂，释放长期积累的应变能，从而形成大地震。

2. 成功应对原因

第一，各级政府及其领导人亲民、为民、以人为本的意识非常强烈。只有真正把人民的利益放在心上，政府及其领导人才能在大灾到来时真正心系灾区，关心灾区人民的生命财产安全，才能快速响应，高效决策，协调各方，全力救灾。

第二，对于地震灾害，早就有一整套应急准备与响应预案。在2003年“非典”发生之前，国家没有总体应急预案和《突发事件应对法》，那时候的应急管理主要是众多部门各自为战，很多部门甚至根本就不重视应急管理，各部门间更没有形成协同应对的网络体系。即便如此，那时有一些系统还是比较先进的，比如防汛抗旱和抗震救灾。由于有唐山大地震的经验教训，因此国家早就开始重视抗震救灾方面的应急管理工作，并加强了对地震灾害的准备。该系统应急管理在国家各部门应急管理中是走在前列的。唐山大地震以后，各级政府纷纷成立地震局，负责日常地震的监测、分析、准备和救援等。有了专门的应急系统与应急预案，地震灾害后的应急响应就会比较快捷。

第三，此次汶川大地震是突然爆发而且震级非常高，初步判断7.6级，很快调整为7.8级，后来进一步调整为8.0级。1976年我们就有过大致相同震情的唐山大地震，所以这就使人们很清楚这次灾害大致会有多么严重。而且这次地震的总体震情是不需要逐级汇报的，中央政府可以在第一时间获知信息。从应急管理和危机管理研究的角度来看，虽然这次地震的灾害威胁巨大，但是对于一个先期响应的决策者特别是中央决策者来讲还是比较容易快速作出决策的，因为他在及时获知震情后对于这样一个灾害发生后的灾情和风险能有一个相对确定性的把握。当然这次地震灾害还是有一些不确定因素，比如这次地震震情后来发现比唐山大地震还要厉害，其未来实际的综合灾害损失有可能比唐山大地震还要严重。并且这次灾害可能还有一些新的特点：当年唐山大地震发生在一个中心城市的下面，人口密度大；而这次灾害中心区是在一个山区和一个更大的地理范围，地震的次生地质灾害会非常严重，交通与通信等受损后的恢复将更加艰难。因此，此次地震人员伤亡也许不如唐山大地震，但其救灾的难度可能要大大增加。总体来看，虽然此次地震灾害是巨大的，但及早进行先期响应的决策难度并不大，所以这次灾害能够立即引起各级政府和社会各界的广泛高度关注。

二、案例应用：公共危机恢复资金从哪里来？

危机恢复是指使社区的基础设施和社会、经济生活恢复到正常的活动，同时它应当将减缓作为一个目标。危机恢复包括短期目标和长期目标，短期目标是将重要的生命线系统恢复到可以接受的水平，满足人的基本需要（例如食物、衣服、住宅），确保人和社区的社会需求得到满足。而长期目标包括复原社区经济活动，重建社区设施和家庭住房并关注长期的减缓需求。因此，公共危机恢复的措施也包括短期恢复措施和长期恢复措施。短期恢复措施包括：维修和重建灾毁的公共设施，废墟的清理与运输，临时住房及其他提供给灾民及其家属的帮助等。长期恢复措施包括：帮助个人和企业进行长期重建，采取减缓措施的低息贷款恢复公共服务，危机心理咨询与精神健康，解决灾害失业问题，规划长期的经济稳定、社会恢复与风险减缓等。在了解公共危机恢复概念和措施的基础上，我们要思考的问题是公共危机恢复的资金从哪里来，下面通过 2008 年汶川大地震的案例来分析这一问题。

（一）恢复资金的来源

汶川大地震恢复的资金主要包括中央和地方直接财政投入、震后恢复重建基金、地方对口支援、国内银行和国际组织的贷款、社会救灾资金响应等。

1. 直接财政投入

汶川大地震发生后，财政部迅速启动财政一级应急预案，按照“急事急办、特事特办”的原则，及时拨付抗震救灾资金。截至 2008 年 9 月 1 日 12 时，各级财政部门共投入抗震救灾资金 671. 69 亿元。其中，中央财政投入 598. 15 亿元（用于应急抢险救灾资金 274. 95 亿元，灾后恢复重建资金 323. 2 亿元），地方财政投入 73. 54 亿元。这些资金分别用于应急抢险救灾阶段的自然灾害生活补助应急金、防汛补助、水库加固及堰塞湖治理、综合财力补助、基础设施修复、物品棉被等物资的购进、中央储备粮和储备油调拨资金等项目以及恢复重建阶段的倒塌毁损民房恢复重建、公共服务设施恢复重建、工商企业恢复生产和重建、农林业恢复生产和重建、基础设施恢复重建等项目。加强中央对灾区的财政支持力度，通过“绿色通道”加快转移支付资金下达进度，加大第一批转移支付分配规模。截至 2008 年 6 月 28 日，中央对四川一般性转移支付达 244. 4 亿元，比上年增加 60. 8

亿元，同比增长 33.1%，高于全国平均增幅 5.1 个百分点。

2. 震后恢复重建基金

国际金融危机的冲击，没有阻挡灾后重建的步伐。中央财政创造性地把扩内需和灾后重建结合在一起，安排了总计超过 3000 亿元的地震灾后重建基金。2008 年中央财政安排了灾区恢复重建专项资金 700 亿元。重建基金主要包括：从中央预算稳定调节基金中调入 600 亿元，从车辆购置税中调整安排 50 亿元，从彩票公益金中调整安排 10 亿元，从国有资本经营预算调入 40 亿元。2008 年以后中央财政还将根据灾后恢复重建和资金来源变化情况，对地震灾后恢复重建基金作出相应的安排。受灾地区（主要是四川省）财政应比照中央财政做法，相应建立灾后恢复重建基金（参见国发〔2008〕21 号文件）。

3. 地方对口支援

国家还加强了对非灾区的正面引导，指导其做好增收节支工作，并按“一省帮一重灾县”的原则，建立了东中部地区 19 个省市对四川省 18 个县（市），以及甘肃省、陕西省受灾严重地区的对口支援制度。各支援省市每年对口支援实物工作量按不低于本省市上年地方财政收入的 1% 考虑，连续支援三年。

4. 社会救灾资金响应

从企事业单位、非营利组织、公众和国际等方面，分析汶川地震后社会各界的救灾资金响应，见表 5-2。

表 5-2 社会各界响应

企事业单位	中国人保、中国人寿、中国平安	启动大灾理赔应急预案
	各大企业纷纷捐款赈济灾区	
非营利组织	中国红十字总会	启动自然灾害救助一级响应预案，紧急向灾区调拨 557 顶单帐篷、2500 床棉被等价值 78 万余元的救灾物资
	壹基金	第一时间决定拨款 100 万元人民币支援灾区，筹集善款 5654.57 万元人民币
	自然之友、绿色和平、绿家园等民间组织	联合发起抗震救灾行动，号召公众为救灾“有钱出钱，有力出力”
	与芽代表、心露金基会代表等草根民间组织	成立“NGO 四川地区救灾联合办公室”，成为抗震救灾中最大的国内草根 NGO 联盟
公众	积极响应，捐款捐物	
国际	8 支俄罗斯、韩国、日本等国的国际救援队；收到外国政府、团体和个人等捐资 17.11 亿元人民币	

（二）恢复资金的政策支持

主要内容包括：①压缩公用经费。暂停审批党政机关办公楼项目，中央国家机关一律压缩公用经费5%。此措施可节约资金15.45亿元。此外，2008年预算中已安排的用于提高某些单位公用经费标准的10亿元支出政策暂不出台。此两项合计为25.45亿元，全部用于抗震救灾。②调整预算收支结构。灾害发生后，人大同意国务院对当年的预算支出结构作出调整，一切从抗震救灾实际需要出发，今后再依法报全国人大常委会审批。③资金审计制度。审计署通过审计工作提前介入、使用环节公开透明、审计人员下到基层、设立群众举报点等措施，对救灾款物进行非常规跟踪审计，以保障救灾款物及时、合理、合规地使用。④减免政府性基金和行政事业性收费。三年内对受灾严重地区减免部分政府性基金和部分行政事业性收费。例如，对受灾严重地区内的用电企业、单位和个人，免收三峡工程建设基金、大中型水库移民后期扶持基金，对建筑企业，全部免收属于中央收入的工程定额测定费、建设工程质量监督费；对企业和有关经营者，免收属于中央收入的文化事业建设费、国家电影事业发展专项资金、水路客货运附加费；对四川、甘肃、陕西省，根据本地实际情况，对受灾严重地区酌情减免由中央级批准属于地方收入的行政事业性收费，以及本省出台的行政事业性收费等①。

此外，还有税收优惠政策。财政部、国家税务总局等部门出台了关于抗震救灾及灾后重建税收优惠政策的文件，主要内容包括：①企业所得税方面，因地震灾害造成的财产损失准予在计算应纳税所得额时扣除；受灾严重地区损失严重的企业免征2008年度企业所得税；受灾地区企业取得的救灾款项及与抗震救灾有关的减免税收入，免征企业所得税。②个人所得税方面，造成重大损失的个人可减征个人所得税；受灾地区个人取得的抚恤金、救济金，抗震救灾一线人员取得的相关补贴收入，免征个人所得税；企业和个人发生的公益性捐赠支出可按规定从应纳税所得中扣除。③企业增值税方面，自2008年7月1日起，对受灾严重地区实行增值税扩大抵扣范围政策（国家限制发展的特定行业除外）。④房产税方面，对毁损不堪居住和使用的房屋及危险房屋，在停止使用后可免征房产税。房屋大修停用在半年以上的，在大修期间免征房产税。⑤进出口税收方面，对外国政府、民间团体、企业、个人等向我国受灾地区捐赠的物资，免征进口环节税收；对受灾地区或支援受灾地区重建的企业、单位进口国内不能满足供应并直接用于灾后重建的大宗物资、设备等，在三年内给予进口税收优惠。此外，对契税、资源税、城镇土地使用税、车船税和印花税等方面都作出了相应的税收优惠政策。除上述税种外，国家还要求各地认真执行现行税收法律、法规中适用于抗震救灾及灾后重建的其他税收政策。

（三）恢复资金的使用

---

① 郭俊华，程琼．我国重大自然灾害的公共财政应急措施研究：以“5·12”汶川大地震为例［J］．上海交通大学学报（哲学社会科学版），2009，17（3）：45－52．

汶川地震恢复重建的资金主要用于以下领域的恢复重建。

1. 倒塌毁损民房恢复重建

按平均每户 1 万元的标准补助。

2. 公共服务设施恢复重建

由中央和受灾地区财政按比例负担。其中中央垂直管理部门（含直属事业单位）由中央财政负担。对口支援和社会捐赠资金要优先用于教育、卫生等公共服务设施建设。

3. 工商企业恢复生产和重建

中央财政对国资委管理的中央国有重点骨干企业恢复生产和重建，采取按因灾毁损恢复重建投资的一定比例注入资本金或贷款贴息方式给予支持。其中，注入资本金资金从中央国有资本经营预算收入中安排。中央财政对中央军工企事业单位恢复生产和重建，通过项目投资补助或贷款贴息给予支持。对地方工商、旅游等企业恢复生产和重建，除中央财政对受灾严重地区的重点行业给予贷款贴息支持外，原则上由地方负责统筹考虑资金支持办法。鼓励地方政府通过财政注资等方式，支持受灾严重地区地方法人金融机构恢复重建。

4. 农业、林业恢复生产和重建

中央财政对种子、种苗、种畜等农业生产资料、土地整理以及受损农田水利设施、规模化种植养殖棚舍池、良种繁育设施、农林推广和服务基础设施、森林防火设施、受损林木和农林业病疫情控制等，采取项目投资补助、贷款贴息等方式给予适当支持。中央财政增加扶贫贷款贴息资金。

5. 基础设施恢复重建

中央财政重点对破坏严重需整体重建或搬迁的非经营性城镇市政设施给予项目投资补助；对经营性或有收费（收入）来源的城镇市政设施恢复重建给予贷款贴息。中央财政对交通基础设施恢复重建采取项目投资补助、贷款贴息等方式给予支持。其中公路包括受损国道、省道及桥梁、涵洞、县乡公路，所需资金以车购税专项收入调剂安排为主，中央一般预算收入适当安排为辅。中央财政对受损水库结合病险水库除险加固工程给予投资补助，对受灾严重地区的其他水利设施给予适当支持。

6. 其他恢复重建

中央财政对震后地质灾害治理、环保监测设施等给予项目投资补助。

三、课堂习题

1. 结合案例谈谈，公共危机恢复的资金可以从哪里来？
2. 结合案例谈谈，公共危机恢复的资金如何使用？

第二节 恢复内容管理

一、案例描述：2001 年“9 · 11”事件[①]

（一）事件发生背景

1. 事发地点

美国纽约世界贸易中心（简称世贸中心），原为纽约的地标之一，原址位于纽约曼哈顿岛西南端，占地6.5 hm^2，由7座建筑组成，最明显的是两栋110层、楼高417 m（世贸中心一号楼）和415 m（世贸中心二号楼）的摩天大楼，也被称为“双子星”或“双子塔”。世贸中心是纽约重要的观光点，在“9 · 11”事件发生之前，平均每年接待大约170多万名游客。大楼内共有22个餐馆和咖啡厅，两栋楼共有239部电梯，其中最快的电梯每秒钟升高27英尺，大楼顶部的观景台对游客开放；大楼有84万 m^2 的办公面积，可容纳5万人工作，每天来办公和参观的人有3万左右。

华盛顿五角大楼（The Pentagon），是美国国防部的办公大楼，位于华盛顿西南方弗吉尼亚州阿灵顿县，因建筑物为五角形而得名，是世界最大单体行政建筑。五角大楼是美国最高军事指挥机关——美国国防部的总部所在地。由于其特殊的职能，所以有时“五角大楼”一词不仅仅代表这座建筑本身，也常常用作美国国防部甚至美国军事当局的代名词。

2. 事件简介

2001年9月11日，4架民航客机被劫机犯无声无息地劫持。当美国人刚刚准备开始一天的工作之时，纽约世贸中心的两栋摩天大楼与华盛顿五角大楼相继发生撞机事件，化为一片废墟，造成3000多人丧生。

“9 · 11”事件是发生在美国本土的最为严重的恐怖袭击行动，遇难者总数高达2996人（含19名恐怖分子）。对于此次事件的财产损失各方统计不一，联合国发表报告称此次恐怖袭击对美经济损失达2000亿美元，相当于当年生产总值的2%。此次事件对全球经济所造成的损害甚至达到1万亿美元左右。此次事件对美国民众造成的心理影响极为深远，美国民众在经济及政治上的安全感均被严重削弱。

（二）事件发生过程

1. 劫机准备

19名劫机者中，有7人原本就是飞行员，其他人也在各地参加过飞行学校的学习。13人是在2001年4月23日至6月29日之间到达美国的。抵达之后，他们立即分散到全美各地，一般居住在比较偏远的城郊，并且都改了英文名字。在随后的数个月时间里，他们主

① 根据美国恐怖袭击问题国家委员会. the 9/11 Commission Report[EB/OL].(2004-08-21)[2021-07-30]. https://www.9-11commission.gov/report. 等资料编写。

要在美国的 8 个州活动。

2. 劫机撞击

1）美国航空 11 号航班：撞击世贸中心一号楼（北塔）

第一架遭劫持的飞机是美国航空公司 11 号航班。

飞机于 7 时 59 分从波士顿洛根国际机场起飞飞往洛杉矶。

8 时 14 分，根据推测，飞机攀升到 26000 英尺（约 8000 m）高度。劫机行动展开后，劫机者控制了飞机头等舱，开始释放催泪性毒气、辣雾等刺激性气体，迫使乘客与乘务员向飞机后部靠拢，并声称其持有炸弹。劫机行动开始后约 5 分钟，机上乘务员 Betty Ong 通过机上电话联系到美航东南部订票办公室，报告了机上的紧急状况，通话共持续约 25 分钟。8 时 26 分和 8 时 38 分，Betty Ong 均称飞机“飞行状况不规律”，并在 8 时 44 分中断了通话。

8 时 46 分 40 秒，美国航空公司 11 号航班以大约每小时 490 英里的速度撞向世贸中心一号楼（北塔），撞击位置为大楼北方 94 ~ 98 层，导致机上所有人员及楼内未知数量人员立即死亡。

2）联合航空 175 号航班：撞击世贸中心二号楼（南塔）

美国联合航空公司 175 号航班原定从波士顿洛根国际机场飞往洛杉矶，于 8 时 14 分起飞。

8 时 33 分，达到 31000 英尺（约 9450 m）的预定巡航高度。根据推测，8 时 42 分至 8 时 46 分，劫机者开始劫机。8 时 42 分，飞机的无线电通信和应答器关闭，飞机脱离航线。8 时 52 分，机上一名乘客 Peter 联系到自己的父亲，称劫机者刺杀了两名机长，控制了飞机驾驶舱，还刺伤了一名乘务员，Peter 表示“飞机飞行很古怪”。8 时 58 分，飞机飞往纽约。9 时，Peter 向父亲打去了第二个电话，报告“机上情况非常不好”、飞机“飞行不稳定”“正在下降”。

9 时 3 分 11 秒，美国联合航空公司 175 号航班撞向世贸中心二号楼（南塔），导致机上所有人员以及楼内未知数量人员立即死亡。

3）美国航空 77 号航班：撞击五角大楼

美国航空公司 77 号航班于 8 时 20 分从华盛顿杜勒斯起飞飞往洛杉矶。

8 时 46 分，飞机攀升至 35000 英尺（约 10700 m）的预定巡航高度。8 时 51 分，飞机最后一次发送常规无线电通信。8 时 54 分，飞机偏离预定航线，转向南面。2 分钟后，飞机异频雷达收发机关闭，塔台与美航调度员多次尝试与飞机沟通，但都没有成功。

9 时，美航执行副总裁 Gerard Arpey 得知了 77 号航班的状况，由于这已是美航第二架飞机失联，他命令所有东北部没有起飞的美航航班停留在地面。9 时 10 分，美航总部怀疑 77 号航班已被劫持，决定在全国范围内实施禁飞令。9 时 12 分，机上一名乘客联系到其母亲，据称飞机已被 6 人劫持，并将乘客转移到飞机后部。9 时 16 分，机上另一名乘客 Barbara Olson 联系到其丈夫，时任美国副检察长 Ted Olson。Olson 报告劫机者将所有的乘客都转移到了飞机后部。

9 时 37 分 46 秒，美国联合航空公司 77 号航班以高达每小时 530 英里的时速坠毁在美国国防部五角大楼，导致机上所有人员及楼内大量军官死亡。

4）联合航空 93 号航班：乘客反击致坠毁、未撞击预定目标

8 时 42 分，美国联合航空公司 93 号航班从新泽西纽瓦克自由国际机场起飞，飞往旧金山，此时航班已延误超过 25 分钟。

9 时 28 分，劫机者开始展开攻击，飞机正在 35000 英尺（约 10700 m）的高度飞行，突然下降 700 英尺（约 213 m）。下降 11 秒后，位于克利夫兰的塔台收到来自飞机的两次无线电通信，通信中包含机长或副机长喊出的“Mayday”(飞机求救信号)，并伴有搏斗声。9 时 32 分，一名劫机者以机长身份向（或试图向）乘客发表声明，称机上携带有炸弹，示意乘客坐下，飞行记录器表明飞机自动驾驶系统将飞机掉头并飞向东面。9 时 39 分，克利夫兰空中交通控制中心收到劫机者发布的第二份声明，声明称机上有炸弹，飞机正飞回机场，要求乘客坐下；这时至少有 10 名乘客和 2 名机组人员与地面人员联络，机上人员报告称劫机者戴红手帕，迫使乘客向飞机后部转移。同时，一部分机上人员通过地面人员得知了世贸中心遇袭的消息。

9 时 57 分，乘客的反击开始，一名乘客在电话中说：“所有人都往头等舱冲去，我也得去了，再见。”9 时 59 分 52 秒，录音机记录下机内巨大打击声、撞击声、喊叫声、玻璃和盘子破碎声。10 时 0 分 26 秒，一名乘客说道：“进入驾驶舱，不然我们死定了!”16 秒后，一名乘客吼道：“冲啊!”

10 时 2 分 23 秒，飞机开始朝下并翻了个身，伴随着乘客持续的反击声，美国联合航空公司 93 号航班以每小时 580 英里的时速坠毁在宾夕法尼亚州香克斯维尔的一片空地上，距离华盛顿特区只有约 20 分钟飞行时间。

3. 初始救援

空军救援：8 时 46 分，两架美国空军 F－15 鹰式战斗机从马萨诸塞州空军基地紧急升空前往拦截美国航空公司 11 号航班，但空军飞行员不知道 11 号航班的正确位置，东北防空司令部（NEADS）在接下来的数分钟设法确定有关飞机位置。

消防局救援：纽约消防局对袭击作出反应是在 8 时 46 分，也就是第一架飞机撞击世贸中心一号楼那一刻。纽约消防局第一消防大队大队长在附近街区目睹了第一次撞击，他也是第一位到达现场的指挥员。8 时 50 分许，他按照纽约消防局的预案，在世贸中心一号楼大厅设立了灭火指挥部。9 时许，消防局长接管担任事故总指挥。因为不断掉下的残骸和其他安全因素，他将灭火指挥部从世贸中心一号楼大厅转移到西街对面的一处场所，一条 8 车道的高速公路。指挥员考虑到塔楼可能会发生有限的、局部的倒塌，但没有想到它们会完全倒塌。灭火指挥部转移到西街后，仍有一些消防指挥员留在一号楼大厅内，组成了在建筑内进行灭火的战斗单位的灭火指挥部，他们留在大厅内是十分必要的，这样他们就可以利用一些重要的建筑系统，例如警报控制系统、电梯和通信系统。几分钟内，消防

指挥员就决定集中力量进行营救和撤离。他们派遣消防队员进入楼内帮助数百名被困在电梯、楼梯间和房间内，以及因受伤而无法撤离的人员。他们还命令消防队员确定各层人员是否已全部撤离。

医疗救援：紧急医疗服务组织指挥官开始划定区域，集结救护车，对伤员进行鉴别归类、治疗并送往医院。紧急医疗服务现场指挥员助理在灭火指挥部中担任全部紧急医疗服务的指挥，向灭火指挥部报告情况。

4. 通信不畅

9 时 3 分，第二架飞机撞击世贸中心二号楼，指挥员立即调集另外的消防分队，并从一号楼调派消防分队。世贸中心一号楼大厅内的指挥员和他们派入楼内的分队之间的通信联络是零星的。指挥员有时可以联络到一些分队，有时不能。一些分队也确认有时可以收到无线通信，有时不能。指挥员不知道他们的信息是否已传送出去，那些分队是否因为忙于救助行动而没有确认收到信息，或者分队回复了，信息却没有能够传送过来。因为关于处在危险中的市民的报告不断传到大厅中的救援指挥部，所以指挥员决定继续尝试疏散和拯救市民，尽管存在通信困难。

世贸中心一号楼、二号楼大厅中的指挥员也不知道楼外面发生了什么。他们没有可靠的消息来源，也没有关于事故区域全面形势的外部信息、塔楼的情形和火灾的发展情况。例如，他们无法收到电视报道和来自盘旋在塔楼上空的纽约警察局直升机的报告。信息的缺乏限制了他们对全面形势的估计能力。

紧急医疗服务机构指挥员和救护车也因为无线通信堵塞而面临通信问题，发生这种现象部分原因是两个紧急医疗服务频道在同一频率上。通常指挥频道是指挥员专用的，城市覆盖频道是救护车和紧急医疗服务派遣使用的。大量救护车反复请求被派遣到世贸中心，使得通信堵塞问题加剧。

无线通信困难是导致紧急医疗服务调度员在 9 月 11 日应接不暇的因素之一。除了要与救护车和指挥员联系外，调度员还要根据通过电话或计算机信息从“9·11”求救中心和纽约警察局传来的求救请求而采取行动。他们必须派遣救护车，将行动录入计算机，从众多消息来源中监控信息和接听其他电话。大量的、复杂的关于世贸中心被袭击的信息使得调度员要从他们接收到的众多消息来源中核实每件事并迅速采取适当的行动非常困难。

5. 大楼倒塌

世贸中心二号楼倒塌发生在 9 时 59 分，导致许多市民和第一出动的消防人员死亡。然而，世贸中心一号楼中的消防员和指挥员最初并不知道正在发生什么事情。许多人以为一号楼正发生局部坍塌。当一号楼大厅充满碎石和残骸时，在一号楼大厅指挥部的第一大队指挥员迅速通过移动无线通信下达了撤退命令，但是很多消防员并没有听到这道命令，一些人得以离开是因为其他战斗员告诉他们指挥部已经下达了撤退命令。

当消防和紧急医疗服务的指挥员在周围建筑物中寻找避身之处时，世贸中心二号楼的倒塌摧毁了西街对面的事故救援指挥部，削弱了指挥和控制机构。消防局长和其他指挥员在10时29分一号楼的倒塌中丧生，使事故救援临时处于无指挥状态。另外，倒塌发生后，许多紧急医疗服务人员不知道谁在代理紧急医疗服务指挥官。

11时，计划部门的一位高级官员接替紧急医疗服务指挥官，但是在接下来的近半个小时里，整个事故救援指挥仍不十分清楚。在这段时间里，一些高级消防指挥官都主动重建指挥部，有时导致了多重指挥。11时28分，城市值班指挥员接替消防局长担任事故现场救援指挥官，全面恢复了现场指挥。

6. 危机恢复

“9·11”事件造成3000多人死亡。经济学家估计，仅在纽约，就有将近10万人因此失业。2/3的美国家庭为救助活动进行了捐赠，美国公众向慈善组织捐款22亿美元。纽约市对“9·11”事件的最关键的反应之一是通过NYC. GOV作出的，第一架飞机撞击之后，网络管理专员对该网站采取了限制措施，以便重建网址，服务关于灾难的焦点信息。至10时30分，新网址已开始登载灾难信息、灾难捐赠的公共热线和网上捐赠形式。NYC. GOV对整个公众来说被证明是最重要和最有效的联系方式。救助的需求是巨大的。曼哈顿的通信与运输基础设施瘫痪使得分发救助在灾害初期遇到困难，许多个人和家庭也要寻求帮助。慈善机构努力确定其资格需求，平衡其责任与保护家庭隐私的重要性，找到并接触需要服务的公众，动员了数千名志愿服务者。同时，公众要求救助必须快速送达，最大限度地减少繁文缛节；必须避免欺诈和浪费，确保分发救助的公平，防止受灾者被遗忘；对慈善组织的责任提出了更高的要求，希望救助信息快速、及时、详细地得到传递。许多剩余的款项被用于长远需求，如设立奖学金和精神卫生治疗。

慈善机构在美国此次灾害响应中发挥了重要作用。灾害发生后，慈善组织立即采取行动，募集资金，征集资金提供者，在新建立的救助中心开列出救助清单。35个大型慈善机构，包括红十字会和救世军等，募集了27亿美元的款物，提供食品、避难所、精神健康服务以及其他救助。慈善机构在灾害响应中的角色各异：有的装备精良，抵达灾害现场，提供大众关爱服务；有的提供长期救助，如职业培训、精神健康辅导；有的则诞生于灾害应对过程中，如为消防队伍提供服务。由于慈善组织数量增加，美国公众捐赠达到了前所未有的水平。美国公众都曾对灾害救助慷慨解囊。

（三）事件原因分析

“9·11”事件发生的根源与美国主导的现有世界体系和国际政治经济秩序有密切关系。冷战结束后，世界各国都以为人类可能迎来前所未有的和平时代，但是事实上，在不公正的国际秩序下，民族纷争、地域纷争变得更加激烈，贫富差距也越来越大。

不但如此，在民族冲突剧烈的地区，特别是在处理以色列和巴勒斯坦问题上，美国不仅没有肩负起大国的调解责任，还凭借强权政治偏袒其中一方。因此“9·11”事件被大多数人认为是恐怖分子对美国强权政治的挑战，这也是布什政府将“9·11”事件定义为战争行为的重要原因之一。

在美国思想界的各种论点之中，“文明冲突”论成为解读“9·11”事件根源的主要论点之一。国际上的许多媒体指出恐怖主义的重要根源是美国的中东政策。以巴长期的军事冲突和以色列人对巴勒斯坦人的杀戮及美国对以色列的偏袒“制造”出具有必死决心的狂热激进分子。英国广播公司 BBC、法国《世界报》都指出“问题症结在于美国的中东政策”。英国《卫报》以《最好的防御是公道》为题，指出美国人必须“公道”，“才能真正制止奥萨马在阿拉伯和穆斯林社会中得到的广泛支持”。

二、案例应用：哪些领域需要危机恢复？

1. 环境恢复

公共危机的环境影响大致可以分为两类：自然环境影响和人工环境影响。以“9·11”事件为例，其主要是对人工环境造成了较大影响，因此需要对人工环境进行恢复。人工环境的恢复又包括以下内容：修复或重建居民住房，尽快使灾民安居乐业；修复或重建商业设施或工业生产设施；恢复或重建关键性的公共设施；恢复或重建“生命线”设施等。世贸中心倒塌后，围绕是否重建新大楼的争议不断，支持者认为应该重建以恢复该区的贸易功能，且不向恐怖分子低头。但反对者认为在死伤惨重之处重建会对受害者不敬。世贸中心最终决定重建，并国际征图，在竞图后决定出重建的模型，主体建筑定名为自由塔(Freedom Tower)。2006 年 4 月 27 日，自由塔的修建工程经历种种曲折后启动。2006 年 9 月 6 日，世贸中心参观者悼念中心的揭幕仪式举行。2013 年世贸中心一号楼主体工程竣工，重建后的世贸中心包括 6 座楼，全部工程于 2016 年竣工，2018 年 6 月 11 日世贸中心三号楼开门营业。

2. 经济恢复

公共危机对经济的直接影响非常大，间接影响难以评估。“9·11”事件发生后，美国的经济活动水平急剧下降，其中消费市场受到的冲击最明显，航空和旅游业也受到了严重冲击。随着最初的冲击开始减弱，经济活动也从袭击事件后最初的抑制状态出现了恢复迹象。美国联邦储备委员会主席 2001 年 10 月 17 日在国会联合经济委员会作证时说，尽管发生了“9·11”事件，但美国经济的基础仍是坚固的，他对美国经济的复苏前景充满信心。根据美国密歇根大学当时进行的一次调查显示，10 月，消费者对美财政和经济前景的信心要比预期为佳。10 月美消费信心指数由上一月的 81.8 上升至 82.7，消费者对经济前景的信心并没有崩溃。经济学家瑞塞指出，人们比我们想象得更冷静和乐观。尽管受经济低迷及“9·11”事件影响，消费信心持续下滑，但仍高于 1990—1991 年美国经济大萧条时期的历史最低值 63.9。“9·11”事件的恢复措施有以下几点①：

首先，企业加快整合的脚步。“9·11”事件的影响，大公司也不能幸免。作为全球最大的半导体公司英特尔公司，宣布第三季度营业额从 87.3 亿美元下降为 63.9 亿美元，同时其股票也从每股盈利 41 美分下降到 10 美分，但数字比 7、8 月预计得要好。IBM 公司

① 陈晓静，甘当善．试论“9·11”事件后美国经济发展前景［J］．世界经济情况，2002（1）：6－10.

第三季度销售额从217亿美元下降到207亿美元，其股票每股从1.08美元下降为89美分，因此专家称IBM公司受“9·11”事件影响甚小。9月，由于全球通关安全检查趋严，交易成本增加，国际商旅往来风险升高，对产业的交易方式、全球供应链体系以及企业的经营管理都造成了相当程度的影响。“9·11”事件给美国企业的决策带来了严峻挑战，促使企业重新评估风险和急剧调整价格。例如，企业的保险费将会大幅度增加，企业也不得不增加人力和物力的投入来加强安全保卫，以及增加库存以防止原材料供应中断。因此，对安全的威胁增加将会暂时降低劳动生产率。企业所面临的经营环境将更趋恶化，势将促使原本比较不具竞争力的边缘厂商，无法苟延残喘而被迫提早出局。企业朝“大者恒大，强者恒强”的方向发展。这也符合20世纪90年代中期以来掀起的大规模的国际企业兼并浪潮，并有利于大企业进行资产结构调整，实现产品生产深化，使工厂单位产品成本降到最低。

其次，美联储多次降低利率。美联储在2001年采取连续10次下调利率的扩张性货币政策，以刺激经济复苏。2001年11月6日，美联储进行当年第十次，也是“9·11”事件以来第三次降低利率，把联邦基金利率降至2%。这是自1961年以来40年中最低的利率水平。各大银行也纷纷降低利率政策，对减轻经济低迷很有必要。

最后，布什政府实行减税和经济刺激计划。税收是财政政策中最重要的一个稳定器，当经济萧条时，减少税收可使消费支出下降幅度小一些。“9·11”事件之前，布什政府实行了为期10年的1.35万亿美元减税计划。“9·11”事件之后，国会迅速通过了400亿美元的反恐怖和经济重建计划，并实施150亿美元的航空援助计划。11月初，当第三季度GDP负增长数据公布后，布什正式要求国会再通过一个总额为600亿~750亿美元的短期经济刺激计划，以刺激投资和消费，促进企业扩大生产，以利于经济恢复。

3. 心理恢复

危机往往会给一定数量的社会公众造成负面的心理影响，甚至造成严重的心理创伤。对此，有关部门在恢复重建过程中，要为这部分社会公众提供心理咨询服务，开展心理危机干预，进行心理辅导。在公共危机恢复过程中，不仅要关注普通社会公众的心理，也要关注领导、参与救灾的工作人员的心理。

“9·11”事件发生后，超过90%的现场亲历者都有至少一个应激相关的精神症状和其他各种心理问题。38%的亲历者有急性应激障碍，14%~15%的亲历者可能有创伤后应激障碍（Post-Traumatic Stress Disorder，PTSD），9%有其他焦虑障碍，20%有适应障碍，11%有重性抑郁，12%有沮丧反应。在事件发生后1个月内的急性期，平均每个人有6个精神症状，其中一半的亲历者有睡眠障碍和缺乏快乐感，超过20%的亲历者在急性期有焦虑、多梦和食欲不振情况。

除了恐怖袭击现场亲历者外，其他群众也会因此产生各种心理应激问题。在“9·11”事件发生后1个月，世贸中心周边街区群众PTSD的现患率为20%，而曼哈顿北部110大街附近居民的PTSD现患率也达到了7.5%；和11.2%的纽约大都会区（注：含新泽西州和宾州靠近纽约市的部分地区）居民可能患有 PTSD 相比，2.7% 的首都地区哥伦比亚特区居民、3.6% 的美国其他地区居民可能患有 PTSD；平均 17% 的美国居民在 2001 年 9 月底出现了急性应激的精神症状。离恐怖袭击发生地越近的居民，出现心理创伤的比例越高。

危机后的心理危机干预是一个大的系统工程，不能简单化为逐个完成个别心理危机干预。为了应对“9·11”事件引发的心理危机问题，纽约州精神卫生办和纽约市健康与精神卫生局联合推出了一个名为“自由计划（Project Liberty）”的项目，2 年间耗资上亿美元。该项目不仅包括招募大量精神卫生专业人员参与现场心理急救和精神疾病的诊断治疗，还通过各种媒体、各种形式的广告向纽约市及周边 10 个县的居民宣传精神卫生知识，告知居民如果需要的话，可以到哪里获得哪些方式的精神卫生服务，如心理救援门诊、心理援助热线等。在“9·11”事件发生后的 2 年内，自由计划为受灾地区居民提供了约 120 万人次的心理卫生服务，其中 55 万人次的心理健康教育，超过 56.5 万人次的个别或团体心理咨询和治疗，87% 的心理卫生服务都在纽约市。在媒体宣传等诸多因素的影响下，月心理服务量最高达到 4.1 万人次，而且一直延续到自由计划结束。心理服务量的高峰是在事件发生后的第 3、6、12 个月，而这也是自由计划中媒体宣传投入最大的时间点。此外，该项目还为 2.5 万人次的消防员提供了心理咨询和健康教育，为 40 万名学生、家长、教师提供了约 16 万次健康教育讲座①。

三、课堂习题

结合案例谈谈，公共危机发生后有哪些领域需要进行恢复？

① 童永胜，庞宇，杨甫德．“9·11”恐怖袭击后的心理危机干预［J］．中国心理卫生杂志，2016，30（10）：775－778．

第六章 危机参与和救灾捐赠

第一节　企业参与公共危机管理

一、案例描述：2008年万科“捐款门”事件①

（一）事件发生背景

2008年5月12日14时28分4秒，四川省阿坝藏族羌族自治州汶川县映秀镇发生里氏8.0级地震。灾后，相关政府部门进行了积极救援。灾害发生后，国家主席胡锦涛对抗震救灾工作进行部署，并亲赴灾区指导抗震救灾，国务院总理温家宝也前往一线指导抗震救灾。在总指挥部的统一部署下，各有关部门紧急拨付救灾资金并调集救灾物资运往灾区，组织各方救援力量驰援灾区。四川省委、省政府以及军队也紧急部署抗震救灾。并且国内和国际社会各界纷纷慷慨解囊对受灾地进行了积极的援助。截至2008年9月25日12时，全国共接收国内外社会各界捐赠款物总计594.68亿元。

（二）事件发生过程

1. 事件的爆发

“5·12”汶川大地震发生当日傍晚，万科决定向灾区捐款200万元，随后这一举动遭到网友的质疑，被网友质疑捐款数额太少。

5月15日，王石写下一篇名为《毕竟，生命是第一位的（答网友56）》博客文章，王石在文章中称，“200万元是个适当的数额。中国是个灾害频发的国家，赈灾慈善活动是个常态，企业的捐赠活动应该可以持续，而不应成为负担”。王石在博客中的发言点燃了网友的怒火，引起网友的不满，使得王石及万科遭众网友批评甚至谩骂。

2. 事件的处置

随着事件不断发酵，这件事逐渐成为万科的一次危机事件，为了挽回形象，万科集团采取了一些措施以应对此次危机。

首先，对受灾地进行捐助。2008年5月16日，万科以王石为代表，组织国内结构专家前往受灾地勘测灾后建筑的基本情况。5月17日，万科将工作人员兵分两路，一路继续

① 根据刘秀浩，慈冰．万科“捐款门”始末［J］．中国市场，2008（29）：32；张倩，赵培．从万科“捐款门事件”看企业公关危机诱因［J］．产权导刊，2008（7）：13－15．等资料编写。

同专家前往受灾地考察灾后房屋状况；另一路则前往受灾地绵竹市遵道镇运输和发放赈灾物资。5 月 18 日，有 45 名万科员工和 110 名工人前往遵道镇运送物资并计划在当地搭建帐篷，以对受灾地进行捐助。5 月 20 日晚，万科宣布以纯公益形式无偿为受灾地的灾后重建工作投入一亿元。

其次，王石就“捐款门”事件进行多次道歉。5 月 21 日，王石在接受凤凰卫视《金石财经》节目的采访时就“捐款门”事件进行了道歉，对捐款 200 万元的原因进行解释并表达了自己的歉意。王石在节目中说：“当时回这个帖子，是在我的论坛上，当时万科捐了 200 万元之后，一个帖子说（别人都）是 2000 万元、3000 万元，说你们捐助得太少了，我就对这个帖子进行回答。我说 200 万元是不少的，而且 200 万元是合适的。之所以这样说呢，实际上……情况是这样的，万科每年股东大会授权做公益活动的费用是 1000 万元，当时只剩下授权的 200 万元，就是说实际上我们把这 200 万元捐出去了，这是当时的一个实际情况。当时我谈了我对这个事情的看法，就是不提倡去攀比，也不提倡高调。但就这个回答来讲，显然损伤了网友的赈灾热情。现在随着时间推移来反省这个事情，觉得在那个时间、那个特殊情况下、那样来回复一个帖子，是非常不适当的。所以提到这个事，我当然是感到歉意的。”6 月 5 日，万科股东大会高票通过捐赠一亿元预案，会上，王石公开对此前的言论进行无条件道歉，全程约进行了 6 次道歉，态度十分诚恳。并且在会上王石也表示如果此事对万科造成任何实质影响，他将会引咎辞职。

最后，万科利用媒体引导舆论以挽回企业形象。2008 年 6 月 5 日后，各大媒体都开始对万科向灾区捐赠一亿元的事件和王石近年来的个人税后捐款进行广泛宣传。

3. 事件的影响

“捐款门”事件后，万科的企业形象一落千丈，网友纷纷对万科的产品发起抵制，不少人退掉在万科旗下购买的商品房等产品。5 月 15—20 日，万科股价大跌 12% 。事件过后，世界品牌实验室发布了 2008 年《中国 500 最具价值品牌排行榜》，其中明确指出，因“捐款门”事件影响，万科的品牌价值缩水 10 亿余元。

（三）事件原因分析

1. 战略与决策层面

一是万科缺乏对此危机事件的系统评估和处理。从 2008 年 5 月 12 日事件引起争议到 20 日万科宣布投入一亿元的资金用于灾后重建，董事长王石也开始改口频频对公众进行道歉，其中并没有系统的过渡和处理过程，使得公众认为这是万科的无奈之举，并非出于其诚意。

二是企业管理层决策草率。此次事件中，万科 2008 年用于慈善公益方面的预算为 1000 万元，因其在年初的雪灾中已花费了 800 万元，因此董事会授权范围内的最大捐赠数额仅为 200 万元。事件发生后，万科将捐款追加到一亿元，但是这一过程万科董事会却没有召开临时股东大会，对捐款追加的事宜进行科学、合理的决策。

2. 制度与执行层面

一是企业危机处理机制缺失。作为董事长的王石代表着万科的企业形象，“捐款门”事件出于王石的出言不慎。在网友质疑万科的捐款、王石出言不慎引起风波后，万科都没有表现出一个良好的危机公关能力，且处理毫无章法，说明其相关机制的缺失。

二是应对危机反应不及时。企业危机爆发的紧急性决定了危机发生时争取第一时间、果断采取措施是战胜危机的关键因素。在其捐款遭到质疑之后，万科并没有及时对此事进行道歉，而是等事件发生近一周才发布追加捐款公告，使得不满的舆论大规模扩散。后知后觉的反应使得万科遭受更多的质疑，让网友怀疑其是否是为了利益低头。

三是公告细节模糊。事后万科虽宣布追加一亿元的重建资金，但是其公告中存在诸多“将在未来 3 到 5 年内，根据实际需要逐年支出”等不确定话语，降低了其可信度。

3. 协调与沟通层面

一是没有与媒体建立良好的关系。对于企业，处理好和媒体的关系至关重要，媒体在很大程度上影响着公众的认知和态度。媒体除了能对企业进行良好的宣传外，也是危机控制与解决的重要影响因素。事件发生后，万科并没有联系媒体对舆论进行适当引导，而是任由其在网友和媒体之间发酵，足以看出其并没有实施良好的媒体管理。

二是没有确保与公众有效的沟通。万科的 200 万元捐款事出有因，但是在网友质疑后，王石并没有将原因告知网友，而是选择在博客上和网友进行辩解，这种情绪性的回应并不是妥当有效的处理方式。

二、案例应用：企业应该如何参与危机管理？

万科“捐款门”事件属于企业参与的公共危机管理。企业参与公共危机管理的原因有如下三点：第一，为了满足企业的自身需求，恢复企业的危机影响；第二，为了实现社会价值，发挥其社会责任；第三，为了从中获利，因为参与公共危机管理可以提升企业的品牌效应，从而获得更多的利益。在万科“捐款门”事件中，万科参与公共危机管理的主要原因分两个阶段，在第一个阶段，即万科主动捐款 200 万元，在这个阶段，万科是为了承担其社会责任，实现其社会价值以及提升其品牌效应。到了第二阶段即“捐款门”事件发生后，其参与公共危机管理的原因就发生了改变，转变为恢复其危机影响。“捐款门”事件发生的背景是 2008 年 5 月 12 日发生的汶川大地震，在汶川大地震发生后，社会各界纷纷积极捐款，在此背景下，万科也主动捐款 200 万元。但是这一事件引来了不少网友的非议，认为捐款数额太少，而后续万科董事长王石的诸多不恰当言论使得事件愈演愈烈，最后对万科产生了诸多负面影响，因此万科又宣布投入一亿元用于汶川大地震的灾后重建。

在此事件中，像万科这样的企业参与公共危机管理是具有其积极意义的。首先，企业参与公共危机管理有利于公共危机的解决。以汶川大地震为例，地震发生后，多家企业都积极为汶川捐赠善款和物资，例如万科集团的两次捐款、王老吉的一亿元捐款等，他们都为此次危机的解决提供了重要的物质支撑。其次，有利于企业的发展。企业参与公共危机管理可以体现出企业的社会责任感，在外界树立起一个良好的品牌形象，从而增加其效益。最后，有利于政府管理模式的转变。我国政府的管理模式正向治理方向转变，治理的关键是多权利主体共同合作，作为多权利主体之一的企业，其积极参与公共危机管理也是其管理社会事务的一种方式。因此企业参与公共危机管理有利于政府的管理模式向治理转变。

但是倘若企业没能恰当地参与公共危机管理，反而会给企业带来负面影响，甚至变成企业的危机，“捐款门”事件就是最好的例子。首先，领导人的言论不合时宜。捐款后虽然有部分网友表示捐款数目过少，但是事件并无进一步扩大，直至王石对此事回应过后，这一事件才愈演愈烈。当时正值汶川大地震过后，举国上下都沉浸于悲痛之中，都在自发地为灾区捐款捐物，在这种背景下王石的言论显得无情又冷漠，而他作为万科的领导人，其举动无疑会对万科产生各种影响，这使得人们觉得万科的捐款毫无诚意，这才进一步转变为万科的危机。其次，万科缺乏与公众的有效沟通。对于捐款数值，万科当时的最大捐款数目就是200万元，但是当时万科并没有及时对公众的质疑作出回应，也没有就此原因作出解释。倘若万科与公众积极沟通表明其实际情况，网友也不会对万科的行为如此不满，此事件更不会演化为一次危机。最后，万科内部的危机管理能力不足。企业在公共危机中能更好发挥作用的前提是其自身拥有良好的危机管理能力。万科在这一方面显然存在缺陷，缺乏对危机的迅速反应能力。

为使企业今后能够更好地参与公共危机管理，从万科在此次事件中暴露出的不足中可以获得一些启示。首先，企业的领导人应该谨言慎行。某种程度上，企业的领导人就是企业的代表，其一举一动都代表着企业的形象。因此企业的领导人在言语、行为上都应该更加注意，三思而后行。其次，企业应该保持同公众的有效沟通。在参与公共危机管理时，企业并不是独立的存在，而是要与外界不断地沟通与交流，根据外界的反馈行事。倘若不能积极听取外界的反馈，可能最后会适得其反。因此企业应始终保持与公众的有效交流，根据反馈来调整自身行为，这样才能更好地参与公共危机管理。同时，应与媒体保持良好的联系。事件发生后，以报纸为代表的纸质媒体对于“捐款门”事件更呈现出正面态度，较为迟缓地在中后期对事件信息和观点进行收集、整理和报道。例如，在王石通过微博发布“十元论”的说法后，《第一财经日报》对其进行了正面报道。万科打算捐款一亿元之后，有纸媒在报纸上发布《万科发誓在川援建不求回报》的报道，呈现出其正面的态度，使得纸媒的受众对万科的印象较为正面。与之相反的是网络媒体，相较于传统的纸质媒体，网络媒体的反应速度更快，且网络媒体的发言环境更加开放，因此呈现出与纸质媒体相背离的倾向，即网络媒体更多地表现出负面态度。在网络媒体中，诸如《王石的居心是什么？王石捐款一个亿的背后》这篇文章中，网友表现出了对万科追加捐款的怀疑，“在如此灾难之前还考虑商业利益，典型的奸商”“被广大网友骂了10天之久后出台了这么个政策，脸上功夫了得！”此类负面评价层出不穷①。这些负面评价影响了万科在公众心中

① 禹建强，陈晓．从王石“捐款门”事件看报纸与网络媒体的态度背离［J］．新闻记者，2008（10）：45－48.

的形象。由此看出，企业需要与媒体保持良好的联系，这样才能尽快地对危机进行控制，将危害压制到最小。最后，企业应积极提高自身应对危机的能力。具备应对危机能力的企业才能更好地参与公共危机管理，否则，自身危机也有可能转换成公共危机，从而带来巨大危害。

三、课堂习题

1. 企业为什么要参与公共危机管理？
2. 企业应该如何参与公共危机管理？

第二节　社会组织参与公共危机管理

一、案例描述：2019 年新冠肺炎（COVID－19）全球大流行事件①

（一）事件发生背景

2020 年 2 月 11 日，世界卫生组织总干事谭德塞在瑞士日内瓦宣布，将新型冠状病毒感染的肺炎命名为“COVID－19”。2020 年 2 月 22 日，国家卫生健康委发布通知，“新型冠状病毒性肺炎”英文名称修订为“COVID－19”。2020 年 3 月 11 日，世界卫生组织认为当前新冠肺炎疫情可被称为全球大流行。

自 2019 年末武汉市出现新冠肺炎病例以来，新冠病毒在中国尤其是湖北地区快速传播，给中国社会治理与经济建设带来严峻挑战。迅猛的疫情一度造成部分地区经济生产停滞，影响了交通运输、酒店旅游等产业经济，甚至产生了隐瞒病情、哄抬物价等现象。党和国家高度重视此次疫情，并举全国之力采取积极措施，逐渐使之得到有效控制，经济生产逐步恢复，负面社会心态得到有效引导。

党的十九届四中全会强调，构建基层社会治理新格局，完善群众参与基层社会治理的制度化渠道。在应对新冠肺炎疫情的过程中，社区、非营利组织等社会组织是重要的参与者。利用社会组织的服务载体，发挥其在地化优势和直接服务者功能，完善制度化的群众参与治理渠道，有效治理社区内新冠肺炎疫情引发的问题，对提升社会治理“四化”水平，提高社区治理效率和治理能力，进而有效防范基层社会风险，促进社区稳定团结，均具有重要意义。

（二）事件发生过程

2019 年 12 月以来，湖北省武汉市部分医院陆续发现多例有华南海鲜市场暴露史的不明原因肺炎病例，证实为 2019 新型冠状病毒感染引起的急性呼吸道传染病，新冠肺炎疫

---

① 根据中国政府网．新冠肺炎疫情防控服务专区［EB/OL］.（2021－07－30）［2021－07－30］. http://gjzwfw.www.gov.cn/col/col1000/index.html. 等资料编写。

情首先在中国被发现。随后被证实早在2019年，该病毒就已经在西方出现。中国在疫情早期采取了有效的应对措施，然而由于部分国家在疫情暴发初期采取观望状态，并未有效抑制疫情的传播，导致新冠肺炎疫情全球大流行的出现。疫情全面暴发阶段呈现的特点有：①医疗资源极度短缺，医生最容易受感染；②国家迅速生产或进口相关医疗资源，如口罩和检测盒，以加快对发热病人的检测；③随着检测盒的大量投入，更多人被确诊，甚至达到每天5000例以上，如意大利、西班牙和美国，但是检测盒仍然不能满足公众的医疗检测需求；④大部分国家政府已经极度重视新冠肺炎疫情，甚至上升到战备阶段。

世界卫生组织2021年1月6日公布的最新数据显示，全球新冠肺炎累计确诊病例超过8500万例，累计死亡病例超过186万例。比利时荷语区鲁汶大学微生物、免疫和器官移植学院院长马克·范·兰斯特分析认为，整体来看，全球疫情仍然没有得到有效遏制，防控形势依然严峻。兰斯特表示，一些国家报告的变异病毒传染性更强，多国在岁末年初处于假期，人员流动大，北半球冬季气温低也不利于疫情防控。世界卫生组织卫生紧急项目负责人迈克尔·瑞安强调，即便新冠疫苗完全有效，现在谈论何时能完全消灭新冠病毒仍为时尚早。虽然一些国家和地区已经开始接种新冠疫苗，但是接种人数十分有限，因此不能放松防控力度。在各国广泛接种疫苗之前，仍然要继续保持社交距离、坚持戴口罩等基本防护措施。

截至本书出版，此次事件仍在进行中。

（三）事件舆论评价

自2020年4月起，中国民众对于舆情的关注度呈降低趋势。数据统计显示，中国2020年4月采集的疫情相关信息量仅为2020年2月的一半。在互联网和自媒体非常发达的今天，人们可以迅速获取信息，但同时也不可避免地被大量信息持续轰炸。心理学上有一种说法叫“替代性创伤”，由于公众过度接收疫情相关的各类信息，内心极易产生强烈的焦虑、悲伤、愤怒等情绪，倾向于在不同社交媒体发泄情绪，或与各种持不同意见者争执等，都可能是因为替代性创伤的原因。疫情相关信息的下降，有助于降低替代性创伤。

在中国，2020年2月至3月，舆情中消极情绪也呈现递减规律。根据沃德社会气象台的数据，相比2020年2月，消极情绪在3月减少了约25%。新冠肺炎疫情的有效控制、复工复产全面恢复、包括武汉在内大部分地区解除封闭等多种因素综合作用，舆情整体更加趋向正面，理性、积极的正能量在疫情舆论场中始终占据主导地位。

国内舆情关注焦点从内忧显著转换为“外患”。2020年4月之后，随着疫情防控进入下半场，世界各国都投入到紧张的抗疫工作中，网民关注的焦点也向全球范围转移。“英国采取群体免疫计划”等他国防疫措施和“东京奥运会推迟”等热门事件成为网友关注的话题，网民搜索“美股”相关信息的热度则更高。

在新冠肺炎疫情中，美国和欧洲应对危机的表现不容理想，新冠病例在美国和欧洲快速增长，对此，国内舆论的转变有三点。

一是提高了中国人民的制度自信。这次疫情提供了两种社会制度公开检阅的机会，西方的残酷现实直观地暴露在人们面前，极大地提高了中国人民的自信心。中国的民主集中制有助于集中力量办大事，在疫情面前展现出强大的公信力和执行力。“以公有制为主体，多种所有制经济共同发展”的基本经济制度可以不计经济效益，以人民为中心，全力参与抗疫。而国外不同，中央与地方、政府与议会，甚至不同政府机构之间相互牵制、独立运行，在大灾大疫的危难关头，各部门的协作极不畅通，因此国外应对疫情总是“慢半拍”。另外西方文化强调个体自由，初期对于疫情并没有非常重视，也是导致疫情泛滥的重要原因之一。

二是对美负面情绪迅速扩大。这次疫情发生以后，美国对华舆论阴晴不定、态度多变，对华态度敌意渐浓。特朗普政府为了转嫁防疫不力的责任、保选情，采取“甩锅中国”的策略，掀起批评中国的舆论浪潮。随后又开始加大推动与中方的科技、产业“脱钩”力度。在中国台湾、中国香港、中国新疆等问题上，美国国会动作不断。美国海外部署的军事力量增加了在南海、台海、东海针对中国的巡航、侦察力度。两国关系的急剧恶化对民意产生了负面影响，沃德社会气象台的数据显示，中国网民对美愤怒、敌视等情绪迅速扩大。

三是对全球经济衰退担忧增大。疫情防控期间在金融领域也发生了很多大事，例如美股在3月连续4次出现熔断、全球开启“降息”浪潮、纽约原油期货价格在4月底首次跌入负值。国际货币基金组织6月发布的《世界经济展望报告》中，预计全年全球经济将下滑4.9%，面临自20世纪30年代经济大萧条以来最严重的衰退。境外疫情持续使衰退预期升温，金融市场可能会引发一系列连锁反应。综合国内外因素影响，“避险”的相关讨论一直在持续，其中“黄金”“债市”“粮食”等成为舆论热议话题。

二、案例应用：社会组织如何参与危机管理？

（一）“志愿者+社区社会组织”参与

在新冠肺炎疫情的联防联控中，政府部门对部分社区进行封闭式管理有利于阻断病毒的进一步传播，其中，“志愿者+社区社会组织”的防控模式对于疫情防控更是起到了重要作用。社区原本的社会组织在新冠肺炎疫情防控中有许多天然优势：这部分社会组织本就扎根于社区，其本质是为社区居民服务的基层组织，因此进行疫情防控是其服务社区居民的重要内容之一。

社区的社会组织能够切实服务社区居民、参与社区治理、促进社区稳定、维护社区秩序，但其往往缺乏必要的支撑资源，很大程度上依赖志愿者的奉献精神。而在中国，由于资金来源较为单一、人力资源较为匮乏、规章制度有所缺位、志愿者发展历史不长等因素影响，中国的社区社会组织想要发挥作用更加艰难。在新冠肺炎疫情防控中，无论从整个社区角度，还是从社区的社会组织或者志愿者主体角度，“志愿者+社区社会组织”联防联控模式都具备实用性与可行性。这种防控模式也在中国的疫情防控过程中发挥了巨大作用，其参与模式主要可以归类为以下几种①。

1. 价值驱动下的志愿者主动参与模式

在此次新冠肺炎疫情中，有许多志愿者积极献身的鲜活事迹，社区内主动参与疫情防控的“美丽逆行者”深刻印证了中国社会“一方有难、八方支援”的核心价值。社区的志愿者队伍构成主要包括居民党员以及许多思想素质较高的群众。这种模式通常体现为：热心公益活动的居民党员，特别是退休党员干部或社区楼栋长等居民骨干，主动向社区的自治组织（居委会或村委会）了解疫情防控相关信息，依托社区志愿服务平台，主动深入基层的草根组织之中参与志愿服务，他们在疫情防控中往往扮演社区防疫员等角色。这类主动参与的志愿者是社会组织开展相关活动的核心志愿者。

从经济学角度来说，公众参与公益行动有两类基本表现：一是付出时间，即参与志愿活动；二是付出金钱，即参与捐赠活动。在中国大部分社区中，以社区党员与先进群众为代表的防疫志愿者，奉献时间与精力，冒着感染风险，“逆行”到抗疫前线，协助政府与社区组织发放防护设备、为社区出入人员测量体温、积极宣传防疫知识、缓解公众紧张或恐慌情绪、为隔离人员购置物资等，为打赢社区防疫战作出了巨大贡献。在武汉等部分重度疫区，不少地区执行严格的封闭式管理，许多超市不接待居民个人购物行为，这就需要社区组织的志愿者等构成专门的采购团队进行物资采购；也有居民通过团购购买物资，但从购物超市至社区再到住户的物流整体配送仍需要许多志愿者的协助。面对新冠肺炎疫情防控的艰巨任务以及社区物资人力的不足与匮乏，社区的社会组织需要精准识别热心居民，并从中挖掘核心志愿者，为志愿者提供更便捷的渠道以及持久的平台，鼓励社区志愿者积极参与疫情防控以及公益物资捐赠，从而实现社区组织与社区志愿者间的互利共赢。

2. 从众心理影响的群体驱动模式

新冠肺炎疫情这一公共卫生安全事件，使得大部分公众处于一种紧急状态，感受到焦虑、恐慌等消极心理。同时，人们也容易受到同类公众的思维方式、思想状况以及具体行为的影响并产生从众行为。由于社区居民常常具有同质性，因此彼此间较易产生从众行为，在同质性群体公众的带动之下，部分居民也会成为志愿者并积极参加防控疫情的社区活动。这一模式可以称之为从众压力下的群体驱动模式。

中国部分社区，在面对沉重疫情防控任务时，群体驱动模式参加志愿活动的情况也较为普遍。这类模式主要通过情感纽带、共享价值以及相应的奖赏激励，来促使社区居民参与志愿服务。这类情况下加入志愿者队伍的个体主要包括结交好友、逃避孤独、遵循社会规范、回馈社会等社会动机。同质性较强的社区，通常存在许多志趣相投的群体，在部分公益心较强、主动参与志愿服务的成员带领之下，其他居民也会加入志愿服务活动。在社区先进群众和居民党员的示范引领下，不少居民主动参与到抗疫活动之中，承担了社区抗

① 张军，刘雨新．新冠肺炎疫情防控中的“志愿者＋社区社会组织”模式服务效力及其反思［J］．天津行政学院学报，2020（3）：79－86.

疫的多项任务；有些居民未能直接参加抗疫活动，但向社区社会组织打电话、捐赠物资，也是积极参与防控活动的形式之一。此类群体性志愿防控主要依靠群体的规范共同塑造，该类活动在维系群体稳定性以及共享价值的基础上得以发展，有利于拓展基层社区组织疫情防控的影响力，提升疫情防控的整体服务效果。

3. 基于科层权威的单位组织模式

现今社会，志愿者参与活动呈现个体化参与倾向，但是也有许多志愿活动由正式组织负责开展。对于非营利组织而言，志愿活动是其必要的业务内容，但是部分营利组织也在倡导员工参加志愿服务，服务社区或公司。这种由单位组织志愿活动的模式依然广泛存在，其主要依托于组织的科层权威以及参与者对企业文化的认同与遵循。在中国，不少企事业单位为了实现新兴品牌的宣发、良好公共形象树立、社会责任履行等目的，组织单位员工在社区开展相关志愿活动；文化、教育或者医疗卫生等事业单位也会依托社区开展专业性的志愿活动。企事业单位组织的志愿活动虽然存在短暂性、偶发性等不足之处，但同时也具备规模性、专业性等优势。社区组织应该提前整合资源，做好社区与企事业单位的对接工作，使单位组织的志愿服务活动在新冠肺炎疫情防控与社区整体建设中产生更显著的收益。

4. 社区自治组织发动的“网格＋志愿服务”模式

社区自治组织在新冠肺炎疫情暴发以来一直处于最前沿，为疫情防控作出了突出贡献。社区自治组织通常以楼栋作为网格管理的单元，将以往社区管理的“网格员”转化为防疫员，有效开展疫情防控工作。为解决人力不足问题，社区自治组织也支持招募积极的志愿者协助防疫，由此形成了“网格＋志愿服务”的特殊模式。

该模式主要网格员为连接点，线下需要积极招募志愿者，线上需要建立并管理楼栋微信群，这对于社区自治组织以及志愿者而言，是一个双赢的过程：一方面志愿者开展的活动可以精准匹配与组织服务需求，有利于实现服务目标和完成组织使命；另一方面志愿者能够受到组织机构的重视，感受其自身价值和贡献，更容易激发今后的志愿意向。由于疫情的严重程度以及此类志愿服务的风险性，该模式下网格员对于所招募的志愿者的价值更为看重，志愿者为社区和社区居民作出了巨大贡献。热心志愿者的帮助有利于改善楼栋服务对象的社会心态与防控行为，志愿者对于志愿服务的价值追求也会促进网格员对于参加社区工作的价值认同，二者服务的针对性有助于提高社区居民的满意程度。

5. 多元主体共同协同的混合模式

针对严峻的疫情攻坚战，在实际疫情应对中，社区社会组织开展的志愿服务通常体现为上述两种或两种以上模式的混合模式。在混合模式中，志愿者参与疫情防控活动的动机多元、方式多样、渠道多向，这对社区社会组织的组织与协调能力提出了更高的要求。疫情防控任务十分艰巨复杂，既包括引导公众转变观念、调整公众消极心态，也包括合理配给物资、进行行为劝导等。总的来说，混合模式虽然在组织协调和任务分配上更为复杂，但是由于志愿服务所具备的多元性、规模化与专业性，这种模式更能有效应对现实情况下的各种问题，能够积极缓解社区疫情防控压力，着力促进疫情防控目标的实现。

（二）非营利组织参与：以蓝天救援队为例

在防疫第一线众多奋战者的身影中，有一抹蓝格外亮眼。他们就是蓝天救援队。为防止新型冠状病毒的感染和扩散，蓝天救援队积极响应号召、迅速反应，踊跃投身到疫情防控行动中。2008 年汶川大地震发生以后，中国应急管理相关的非营利组织迅速发展，以蓝天救援队为例，它是中国民间专业、独立的纯公益紧急救援机构，成立于 2007 年。目前，蓝天救援已在全国 31 个省（自治区、直辖市）成立了品牌授权的救援队，全国登记在册的志愿者超过 50000 余名，其中有超过 10000 名志愿者经过了专业的救援培训与认证，可随时待命应对各种紧急救援。蓝天救援是以志愿服务为原则、以建立和推动国内民间救援体系的发展，使每个国民享有免费紧急救援服务为宗旨，以专业化、国际化救援机构建设为目标。蓝天救援的任务是协助政府应急体系展开防灾、减灾教育培训，参与各种灾害事故救援行动，减少灾害事故造成的财产和生命损失。经过多年的发展与实际救援，蓝天救援已经形成了一个建立在风险处理及预防基础上的综合性应急管理体系，成为一个涵盖生命救援、人道救助、灾害预防、应急反应能力提升、灾后恢复和减灾等各个领域的专业化、国际化的人道救援机构。蓝天救援队成立以来参与了 2007 年以后国内所有大型灾害的救援工作，每年救援案例超过 1000 起。

1. 非营利组织危机参与存在的问题

蓝天救援队伍以其无私的公益性、快速的救援和对人民群众的热情赢得了全国人民的赞誉和信任，为充分发挥民间应急救援力量、促进社会正能量作出了一定贡献。但结合其应急救援过程中遇到的各种情况，可以发现非营利组织参与危机管理存在以下问题：

首先，缺乏必要的资金支持。对于蓝天救援队队员而言，其需要帮助新冠肺炎感染者，在他们的救援活动中，防护服、口罩、医用酒精等，都是必要的救援设备。除去新冠肺炎疫情防控期间，全国范围内防护服、口罩及医用酒精的迫切需求以外，蓝天救援队也面临资金不足、难以配备齐全的防护装备以及救援设备等问题，这会给救援队员的安全带来潜在风险。

其次，救援活动缺乏相应的保障机制。一是救援的时间保障。在发生灾害需要救助时，时间就是生命，需要保证时效性，随时立即出动救援。蓝天救援队的成员之中，不乏公务员或者企事业单位职工，因此对于他们而言，常常会面临紧急救援活动与单位出勤的矛盾。二是救援队员的安全保障。应急救援本身具有安全风险，当事故发生时，会给家属和整个队伍带来很大风险。尤其是以新冠肺炎疫情为例，病毒具备很强的传染性，一旦感染会对人体造成严重伤害，但是由于救援行动的公益性，蓝天救援队面临没有足够的资金承担救援队员的商业意外保险费用问题，这也可能导致民间救援组织的作用有限。

最后，缺乏对救援队伍的支持。比如，在社区排查、社区登记等疫情防控过程中，蓝天救援队缺乏强有力的沟通协调机制，在社区面临一定阻力，让很多团队成员感到“好人难做，好事难做”“热心冷淡”的困惑，不利于团队长期可持续发展。

2. 非营利组织危机参与的管理

从长远来看，为了更好地为人民服务，充分发挥蓝天救援队等民间救援组织在公共危机中的公益力量，可以从以下方面进行改进与提升。

首先，提供必要的救援支持。政府对民间救援组织的支持主要是物力、财力方面的支持。政府应急部门可以协助购置并分发必要的救援设备和防护设备，落实设备的存储仓库。同时，应该形成政府与民间救援组织协同合作的长效机制，政府每年可以将救助资金纳入部门预算，定期拨付或报销，用于救助设备的购置、维修和日常培训费用等。

其次，加强政府的支持和引导。政府可以将民间应急救援队伍纳入政府的应急救援体系，作为有效补充。同时，政府也要加强对民间救援组织的引导、支持和监督管理，在开展应急救援时要主动做好联系沟通工作，给予救援队员身份认可和必要的权限，为快速实施救援开辟“绿色通道”。

三、课堂习题

1. 志愿者如何参与危机管理?
2. 社区社会组织如何参与危机管理?
3. 非营利组织如何参与危机管理?

第三节　公募基金会与救灾捐赠

一、案例描述：壹基金与2013年雅安地震①

（一）事件发生背景

1. 雅安地震

“4·20”雅安地震发生于北京时间2013年4月20日8时2分的四川省雅安市芦山县。该地震影响巨大，据中国地震网测定，其震级为7.0级，震源深度达13 km。此次地震波及范围广，除雅安外，成都、乐山等十余个市（州）、100多个县均受到了地震不同程度的影响。并且，此次地震带来的余震不断，截至4月24日18时，累计发生余震4228次，其中4级以上25次，最大余震达5.4级。截至4月24日18时，全省已有196人遇难、21人失踪、13484人受伤，其中重伤有995人、全省累计受灾人数达200余万人。灾区内包括公路、水电站、通信等基础设施大量损坏，居民住房损毁严重，造成了巨大的人员伤亡和财产损失。

地震发生后，相关政府机构在第一时间积极展开救援。国务院总理李克强、国务院副

① 根据张思一. 我国非营利组织治理结构与运行机制研究：以壹基金为例［J］. 知识经济，2018（14）：69－70，80；颜昌武. 为什么是壹基金?［J］. 决策，2013（6）：68－69. 等资料编写。

总理汪洋等于灾害发生当天乘专机前往雅安地震灾区指导救灾。为应对此次灾情，中国地震局启动地震应急Ⅰ级响应，中国地震局和四川省地震局分别派出一名副局长前往灾区进行救援。公安部也启动了相应的应急机制，派出其分管的部门及治安、消防等相关部门的工作人员前往灾区进行支援。此外，国家减灾委、民政部针对此次灾害紧急启动国家三级救灾应急响应，并成立联合工作组，组织国土资源部、交通运输部等 8 个部门的相关工作人员前往灾区进行各项救灾工作。为使灾民得到更好的医疗救治，卫生计生委也于事发当日组建并派出了包括 180 多名医务人员在内的国家卫生应急队和多辆车载移动医院前往灾区现场进行支援。

国内和国际社会各界纷纷慷慨解囊对受灾地进行积极援助。例如，加多宝捐款一亿元、腾讯捐款 2000 万元，苹果公司捐款 5000 万元人民币。4 月 21 日，上千名群众聚集在舟曲县春江广场为雅安地震组织捐款，金额高达 100 万元。

随后，中央人民政府官方网站公布了《芦山地震灾后恢复重建总体规划》，对规划范围、重建原则和目标、空间布局及居民住房和城乡建设等方面作出了详细规划。

2. 壹基金

壹基金于 2007 年 4 月由李连杰先生创立，其愿景为“尽我所能，人人公益”，专注于灾害救助、儿童关怀与发展、公益支持与创新三大领域，致力于搭建专业透明的公益平台，成为中国公益的开拓者、创新者和推动者。其是深圳市 5A 级社会组织，曾两度获得“中华慈善奖”。

壹基金采用“一个平台 + 三个领域”的战略模式，即搭建专业透明的壹基金公益平台，专注于灾害救助、儿童关怀与发展、公益支持与创新这三个领域。灾害救助方面，壹基金主要从灾前、灾中、灾后三个阶段开展防灾减灾、备灾救灾、安置重建三方面工作，对常规灾害和重大突发灾害进行赈灾救援行动，并对学术机构等进行支持，以促进相关政策完善、推动行业正向发展、提升整体应灾能力。儿童关怀与发展方面，壹基金重点对具有特殊需要的儿童及贫困地区和灾害频发地区的儿童进行权利的保障，以促进其全面发展。公益支持与创新方面，壹基金致力于研究中国公益行业发展中的问题，以促进民间公益组织的可持续发展。

（二）壹基金参与应急的过程

1. 紧急救援

雅安地震发生后 30 分钟内，壹基金联合救灾雅安地震救援行动启动。同日，壹基金在官网发布雅安地震救援行动倡议书。1 小时后，第一阶段紧急救援行动开始，壹基金救援联盟的四川及周边救援队集结后出发前往灾区开展搜救、转运伤员工作。在此阶段，壹基金的工作主要包含两方面，分别是组建救援联盟及联合救灾。集中救援联盟负责救援和转移伤员、排查险情、发放物资，而联合救灾主要负责后勤部分，对灾后物资进行需求评估、对救灾物资进行接收整理和调配发放。

2. 过渡安置

在紧急救援的同时，壹基金也同步展开第二阶段的邻近安置工作，其从邻近的四川、贵州等地的仓库向灾区运输抗灾物资，并在灾区建立起主要为儿童服务的“儿童服务站”。过渡安置阶段主要围绕为灾区儿童开展心理支持、卫生健康服务和儿童发展项目，包括壹乐园的修建、卫生项目的进行以及温暖包的发放。其中壹乐园的项目包括儿童服务站以及运动汇；卫生项目包括净水计划、太阳能公共浴室、爱心洗衣房三个项目，针对过渡阶段为灾民提供生活方面的便利，以帮助灾民更好地生活；温暖包包括夏季温暖包和冬季温暖包，其中的物资分别是针对夏季和冬季这两个季节的需要提供相应物资。

3. 灾后重建

灾后重建工作于2014年启动，至2019年，其间经历5年的时间，灾后重建工作基本完成。其在6年共支出近4亿元，包括60个大型项目，超过63万人次灾区群众受益。壹基金雅安地震灾后重建工作包括4方面，分别为抗震减灾示范社区、抗震减灾示范校园、壹乐园项目和龙门山地震带灾害管理中心。其中抗震减灾示范社区项目包括对农村工匠进行培训、修建钢结构抗震农房、实施安全农家计划以及设立社区减灾中心。抗震减灾示范校园项目包括建设抗震减灾学校、减灾示范校园、乡村幼儿园以及修建避灾运动场地。壹乐园项目包括儿童服务站、音乐教室以及运动汇。龙门山地震带灾害管理中心包括灾害管理研究、公众减灾教育、民间救援培训以及应急避难场所的修建。旨在培养及提高灾民抗灾意识以及抗灾能力。

（三）壹基金成功参与的原因分析

1. 外部原因

就外部环境而言，由于媒体接二连三地曝出红十字会等官办公益组织的大量负面消息，官办公益组织面临前所未有的信任危机。郭美美事件将中国红十字会推上风口浪尖，对其在民众中的公信力产生了恶劣影响。在此背景下，公众将注意力逐渐转向以壹基金为代表的民间公益组织。

2. 内部原因

壹基金在雅安地震中表现良好，主要体现在以下几方面：

首先，行动迅速。灾害发生后的半小时内，壹基金就开始在微博上发布地震相关信息。灾害发生的当日8时30分，壹基金就开展了救援行动，当日10时，其救援人员就已抵达现场并展开救援。次日晚10时，其第一梯队的4支救援队已全部抵达灾区开始救援。

其次，规划有序。壹基金分工明确，分为救援联盟和联合救灾，分别负责救援和后勤保障工作。且其救援行动主要分为紧急救援、过渡安置和灾后重建三个阶段，分别针对灾区的不同需要展开不同的工作。

最后，专业透明。壹基金在财务方面进行了专业管理，其善款均委托招商银行进行托管，且聘请知名会计事务所负责财务审计工作，并定期发布工作报告、财务简报和审计报告，在壹基金的网上捐赠查询系统中可以清楚地查询到壹基金的善款总额和明细。为把握捐款去向，壹基金在其官网上设立了公益活动专题，以发布各项招标和采购公告，确保信息透明。在雅安地震的救援行动中，壹基金以日志形式在其官网上发布其每日的救援进展、救援物资发放数量及受益人数等具体信息。

二、案例应用：公募基金会如何参与公共危机?

公募基金是指以公开方式向社会公众投资者募集资金并以证券为主要投资对象的证券投资基金。其是以大众传播手段招募，发起人集合公众资金设立投资基金，进行证券投资。这些基金在法律的严格监管下，有信息披露、利润分配、运行限制等行业规范。救灾捐助则是个体的一种无偿向灾区捐赠财物及服务的行为，其目的是应对灾害的发生、帮助灾区恢复及完成灾后重建。而在县级以上民政部门登记具有救灾捐助宗旨的公募基金会正是救灾捐助的主体。因此在灾难发生后，公募基金在灾后的救助和捐助上发挥着无可替代的作用。

（一）壹基金的漫漫公募基金会之路

壹基金是李连杰先生 2007 年 4 月创立的创新型公益组织，2011 年 1 月作为中国第一家民间公募基金会落户深圳，中间经历了颇多曲折。

2007 年，李连杰先生与中国红十字总会合作设立“中国红十字会李连杰壹基金计划”，以独立运作的慈善计划和专案形式在中国大陆开展公益事业。壹基金诞生之初，就倡导“壹基金，壹家人”的全球公益理念，推广每人每月 1 元钱，一家人互相关爱彼此关怀的慈善互动模式。

一挂靠在某公募基金会下的专项基金负责人沈女士，对这种没有独立身份的处境深有感触。沈女士指出，专项基金无独立公章，所有想要从事的公益活动，都必须通过主管单位盖章同意。然而，这一过程却异常烦琐，往往一件事情要盖很多章才能办下来。比如，他们的一个公益合作项目，曾历时半年才最终通过。那段时间，她每天要打几十个电话。“如果主管单位领导出差了怎么办？等他回来再盖章?”沈女士指出，身份的不独立让专项基金无法自由施展拳脚。

壹基金的身份困扰，慈善业内人士都知道。2010 年李连杰在《面对面》中首次向公众吐出苦水，并提及壹基金计划有中断的可能时，民众开始为壹基金作出各种猜测：壹基金计划真的办不下去了？还是和中国红十字会的合作出现了问题?“壹基金要做公募基金会，就一定会离开中国红十字会，双方已多次谈到分开。”业内人士当时认为，这种分手不是“离婚”，而是“嫁女”，壹基金成长起来了，中国红十字会把它嫁出去，让它成家立业。

2008 年 10 月，为了保证公益项目更高效地实施，在中国红十字总会、上海市民政局等多方管理机构的指导和支持下，上海李连杰壹基金公益基金会以非公募基金会的形式注册成立。作为“中国红十字会李连杰壹基金计划”的执行机构，上海李连杰壹基金公益基金会严格按照《基金会管理条例》开展各项业务活动，向“中国红十字会李连杰壹基金计划”进行专项汇报与结算，并接受年度审计。

2010 年 12 月 3 日，深圳壹基金公益基金会在深圳市民政局的大力支持下正式注册成立，拥有独立从事公募活动的法律资格。深圳壹基金公益基金会注册原始基金为 5000 万元，发起机构为上海李连杰壹基金公益基金会、老牛基金会、腾讯公益慈善基金会、万通公益基金会及万科公益基金会，每家发起机构出资 1000 万元。“中国红十字会李连杰壹基金计划”及“上海李连杰壹基金公益基金会”已清算注销，其项目、资金及工作人员由深圳壹基金公益基金会承接。

（二）公募基金会危机参与的优势

作为我国第一家民间公募基金，壹基金主要专注于公益领域，以救灾捐助为宗旨。其具有以下几个优势：

首先，作为民间公募基金，壹基金更加灵活。不同于其他由政府引导的公募基金会，壹基金的纯民间性质使其具有更高的灵活性，对于救灾捐助工作能够更快作出反应，弥补官方组织的不足。

其次，明星效应使得壹基金群众参与度高。壹基金是由知名演员李连杰成立的，受明星效应影响，使得壹基金具有较高的知名度和号召力，群众参与度高。

最后，其定位符合救灾捐赠多元化的需求。灾害的发生具有多元化特点，从其发生前的预防到其发生后的恢复与重建，各个环节均需关注，因此救灾捐赠也应多元化。壹基金聚焦于灾害救助、儿童关怀与发展、公益支持与创新三大公益领域，对其他公益组织的援助方向作出了补充。与此同时，其收集善款的渠道也十分多元，公民大众不仅可以通过银行、支付宝、财付通等传统方式募捐，还可以通过淘宝网店购买商品的方式来进行募捐。多元化的募捐方式拓宽了公民大众的选择空间，符合救灾捐赠中的多元化需求。

（三）公募基金会危机参与存在的问题

作为救灾捐助主体之一的民间公募基金在救灾捐助中发挥着举足轻重的作用，但是与此同时，其存在与发展仍存在诸多问题，需要给予关注。

第一，缺乏完善的法律法规。壹基金是我国第一家民间公募基金会，其诸多行为实属我国首例，而现有的法律法规如《基金会管理条例》中并没有对其进行详细规定，且针对其的财务管理流程及方法等也并不完善。因此，相关政府部门应重视相关法律体系的建设，只有健全的法律体系才能实现更好的管理，使其发展得更好。

第二，对壹基金的监管不足，缺乏完备的监管机制①。近年来，对于壹基金的质疑声始终持续不断，2009 年曾有网友对壹基金的管理费用过高提出疑问，但是针对此费用的质疑，并无监管部门对其进行调查。并且虽然公民大众可以通过壹基金发布的信息对其进行监督，但是受信息不对称所限，此种监督仍很难实现。因此壹基金应完善其内部监督体系，而相应的监管部门也应承担起责任，加强对其进行监管。

第三，壹基金自身的信息披露存在问题。2014 年 4 月，名为“四月网”的账号对壹

① 陈龙．浅析壹基金公益基金会发展过程中的问题及对策［D］．长沙：湖南师范大学，2018：28．

基金的资金流向公开提出疑问，认为李连杰贪污善款，最后这件事因缺乏明确证据而不了了之，但是与此同时也暴露出壹基金在披露信息方面存在问题。对于大部分公众而言，其对于民间公募基金的运作方式并不了解，因此需要更多的信息以获得其信任，尤其是资金来源和去向问题。壹基金会在其官方网站以及公众号等平台发布了每年的活动情况总结，包括年度收入和年度支出，但是缺乏具体项目的资金来源及使用情况。信息缺乏难免引起公众质疑。并且一年一次的总结，让人无法及时掌握资金动态，也会引发公众对其的不信任。因此壹基金需要对其披露信息的方式进行改善，及时披露各个项目更多的细节，做到公开、及时和透明，以便于社会公众对其资金的使用情况更好地进行监督。只有重视这些问题并积极予以解决，才能促使壹基金健康发展，推动我国救灾捐献可持续发展。

三、课堂习题

1. 公募基金会和非公募基金会的区别是什么？
2. 公募基金会在公共危机管理中可以发挥什么样的作用？

第四节　救灾捐赠丑闻

一、案例描述：郭美美事件与2013年雅安地震①

（一）事件发生背景

1. 中国红十字会

中国红十字会是中华人民共和国统一的红十字组织，是国际红十字运动的重要成员，是从事人道主义工作的社会救助团体。中国红十字会以保护人的生命和健康，维护人的尊严，发扬人道主义精神，促进和平进步事业为宗旨。长期以来，中国红十字会遵守宪法和法律，遵循国际红十字运动基本原则，依照中国参加的日内瓦公约及其附加议定书，认真履行法定职责，充分发挥其在人道领域的政府助手作用。

2. 郭美美

郭美美，原名郭美玲，湖南省益阳人，1991年生。2011年6月，郭美美曾在微博上以“中国红十字会商业总经理”的虚假身份炫富而受关注。

（二）事件发生过程

1. 事件的爆发

2011年6月20日，郭美美的微博受到了广泛关注，在其微博生活照中不难看到别墅、豪车以及价值不菲的名牌包等奢侈品，联系其“中国红十字会商业总经理”的微博认证身

① 根据彭建梅，刘佑平．2012年度中国慈善捐助报告［M］．北京：中国社会出版社，2013；孟志强，彭建梅，刘佑平．2011年度中国慈善捐助报告［M］．北京：中国社会出版社，2012．等资料编写。

份，经过网友的广泛关注及猜测，引发了舆论对于红十字会捐款去向问题的讨论与猜测。

2. 事件的处理

在引发网友的广泛关注后，关于中国红十字会的舆论急转直下，红十字会也采取了许多措施来澄清其与郭美美的关系。

一是发声明澄清。在经过几日的事件发酵后，2011 年 6 月 22 日，中国红十字会在官网发声明作出澄清，声明主要包括三项内容。第一点说明郭美美与红十字会并无关系，并且否认“红十字商会”与中国红十字会的关系，声明指出红十字会内部并没有“商业总经理”这一职位，更无“郭美美”其人存在；第二点，指明会追究郭美美的法律责任；第三点，说明这一切均是郭美美的炒作。

二是报案。2011 年 6 月 28 日，中国红十字会以郭美美虚构事实、扰乱公共秩序为由向公安机关报案，借助警方的力量对郭美美事件进行调查。2014 年 8 月 7 日，根据警方调查和郭美美本人供述：她以及她的资金来源都与中国红十字会毫无关系。

三是商请有关方面进行调查并发布调查结论。2011 年 7 月，中国红十字会在暂停商业系统红十字会一切活动的前提下，分别邀请由监察部、中国社科院社会学研究所、中国商业联合会等组成的联合调查组以及审计署对商红会及其项目进行调查，最终形成了结论。2011 年 12 月，中国红十字会对调查结果进行发布，说明“郭美美”与红十字会并无关系，并指出商红会存在的问题以及相关改进建议。

四是注册微博，通过微博与网友互动。2011 年 7 月 4 日，应微博网友要求，中国红十字会注册官方微博，并通过微博和网友进行互动，回答网友问题。

郭美美本人也对此事作出了回应。2011 年 6 月 22 日，“郭美美 Baby”通过微博发布声明，称和红十字会没有任何关系，也不是红十字会副会长郭长江或郭沫若的子孙，“我不想解释太多，舆论和谣言太可怕”。

3. 事件的影响

一是社会捐赠量减少。2013 年 9 月 21 日，民政部中民慈善捐助信息中心发布《2012 中国慈善捐助报告》。根据报告，2012 年全国捐赠总额较 2011 年下降，各类基金会接收捐赠约 305.7 亿元，约占全年捐赠总量的 37.4%；红十字会接收社会捐赠约 21.88 亿元，占 2.68%，同比减少 23.68%。民政部中民慈善捐助信息中心发布的《2011 中国慈善捐助报告》显示，自 2011 年 6 月“郭美美事件”等慈善组织丑闻爆出后，社会捐款数以及慈善组织捐赠数额就出现了大幅下降。其中，全国 7 月社会捐款数共计 5 亿元，和同年 6 月的捐款数相比大幅下降，降幅超过 50%。慈善组织的情况则更为糟糕，同年 6—8 月接收的捐赠数额降幅近 87%。

二是红会公信力受损。2013 年 4 月 20 日雅安地震发生后，中国红十字会也在微博积极发出募捐倡议，但是同壹基金所受到的热情支持有所不同，中国红十字会的微博下满屏皆是“滚”等负面留言。根据中国红十字总会的官方微博，截至 4 月 22 日 15 时，中国红十字会系统共计收到社会捐赠款物 6411.54 万元。其中，中国红十字会总会本级共计收到社会捐赠款物2632.68万元。而壹基金的捐款数额一直远远超过红十字会，据知情人士透露，截至4月21日22时，壹基金的捐款数额已达到了1.2亿元。此外，在救援过程中红十字会也屡遭质疑。质疑一：20日上午中国红十字会所发微博中使用“考察”一词，遭到网友批评。质疑二：21日，中国红十字会发布的工作照片中男子佩戴价值不菲的名表，引起网友热议，网友猜测其为红十字会工作人员。质疑三：有网友质疑壹基金属于红十字会架构下。

（三）事件原因分析

1. 慈善组织有待改进的地方

一是慈善组织信息披露不足。2010年12月2日发布的《2010年度中国慈善透明报告》显示，慈善组织信息透明指数3级以下（即完全不披露和仅少量披露信息）的高达75%，接受调查的近九成公众表示对慈善信息公开不满意①。2012年度中国公益慈善行业“年度透明指数”为45.1分，行业整体透明度得分不及格②。慈善组织的低透明度导致慈善组织和捐献者之间的信息不对称，严重影响了慈善组织的公信力。

二是缺乏对慈善组织的有效监管。针对社会救助团体的监督，内外部监管均不足。社会救助团体内部系统的自律机制尚未建立，因此存在内部监管不足的情况。外部监管方面，因信息不对称，公众也难以对社会救助团体进行有效的外部监管。

三是慈善组织管理方式僵化，无法适应日渐现代化的社会公众监督方式。大多慈善组织的管理机制缺乏灵活性和主动性，随着互联网、社交媒体的普及，多元畅通的信息渠道使得公众接收信息能力变强的同时，危机的传播速度也大大加快，慈善组织僵化的管理方式无法适应和应对。

2. 危机公关能力的重要性

一是新闻发布会缺乏诚意。事件发生后，中国红十字会于2011年6月28日下午召开新闻发布会，此次发布会被戏称为“秘密”新闻发布会，原因是发布会主办方仅邀请6家媒体参加，其他闻讯赶来参加发布会的媒体记者则被拦在场外不让进入③。主办方这种有所保留的做法无疑显得不够坦诚，无法平息公众的质疑。

二是声明过于官方且证据不足。虽然官方以发布声明的方式对此次事件作出了回应，但是其声明措辞生硬，缺乏实质性内容，声明不等于证明，其仍未拿出有说服力的证据，因此未能说服公众，对危机进行有效解决。

三是缺少与公众的良好沟通。事件发生后，红十字会虽开通了微博同网友互动，但是对于公众关心的内容仍未予以回应。公共危机管理中，建立有效的公共危机信息沟通机制

---

① 徐富海．公开、信任与监督：由“郭美美事件”看公益慈善组织的发展［J］．理论视野，2011（11）：40－42.

② 刘玉虎，谢家琛．2012年度中国慈善组织透明报告分析［J］．社会福利（理论版），2013（4）：32－34，39.

③ 朱颖，何瀚玮．新媒体时代公共管理部门的危机公关：以“郭美美事件”和《世界新闻报》窃听事件为例［J］．东南传播，2011（12）：37－39.

是其关键部分，在红十字会的应对措施中，只有红十字会对网友的单向联系，并无网友同红十字会的双向互动。

二、案例应用：救灾捐赠存在的问题

近年来，关于我国社会救助团体的丑闻接连不断，其中以 2011 年的郭美美事件最具代表性。丑闻的出现会对社会救助团体造成许多负面影响，除会使得社会救助团体接受的捐款量减少外，也会对社会救助团体的形象及公信力造成不同程度的打击，使得社会救助团体日后的行动备受质疑。不仅如此，对社会也会造成一定的负面影响，例如打击公民捐赠的积极性、使得公民参与救助的意愿下降进而影响社会团结互助之风等。正如案例中所示，郭美美事件后一年，全国捐赠总额就出现了明显下降，而红十字会本身的社会捐赠数额更是大幅下降，之后更是出现了民间社会救助组织更受欢迎的现象。因此对于救灾捐献丑闻，我们应给予重视。

虽然郭美美事件本身是偶然事件，但其背后仍具有一定的必然性。在郭美美事件背后，暴露的是中国红十字会所存在的管理漏洞。同样，红十字会所暴露出来的问题，也不仅仅是个例，而是社会救助团体普遍存在的问题。

首先是相关法律法规不健全且发展缓慢。目前，我国并无社会救助方面的法案，相关规定均按照 2014 年 5 月开始实施的《社会救助暂行办法》。而社会救助法案的发展也经历了如下几个阶段：第一个阶段，2018 年 9 月 7 日，十三届全国人大常委会公布立法规划（共 116 件），《中华人民共和国社会救助法》位于第一类项目（条件比较成熟、任期内拟提请审议的法律草案）。第二个阶段，2019 年 7 月 3 日，列入民政部 2019 年立法工作计划，草案送审稿拟报送国务院。第三个阶段，2020 年 9 月 7 日，民政部、财政部起草的《中华人民共和国社会救助法（草案征求意见稿）》全文公布，征求社会各界意见。目前法案仍处于征求社会各界意见状态。而救灾捐赠管理的诸事项则按照 2008 年 4 月 28 日民政部发布的《救灾捐赠管理办法》。由此不难看出我国相配套的法律法规还比较欠缺，这在一定程度上阻碍了社会救助团体的发展和完善。因此对于国家来说，相关政府部门应该努力建立相关法律体系，以此来规范社会救助团体的各项行为，预防类似郭美美事件再次发生。

其次是社会救助团体在日常运营中存在透明度不足的问题。以中国红十字会为例，公民将财物捐赠给中国红十字会，希望借助其对有需要的人进行帮助，因此对于资金及捐赠物的流向具有较高的要求和期待，但是红十字会在其日常运营中对于资金及捐赠物的流向还不够透明。这样的运作在平时不会出现什么问题。但是在出现郭美美这类事件后，其公信力势必会一落千丈，进而影响其日常工作及发展壮大，同时也会降低公民参与慈善的热情。因此，对于各社会救助团体而言，需要提高自身的透明度，尤其是对于资金的流向和使用问题，应该做到透明、规范，及时向公众披露相关信息，这样才能获得公众的信任和支持，从而实现更好地发展。

再次是针对社会救助团体的监管仍需加强。郭美美事件的发生与对红十字会的监管不到位也有很大关系。与红十字会一样，国内其他社会救助团体同样也缺乏监管，不仅包含外部还包含内部监管。外部监管方面，公民对社会救助团体的了解大多来源于媒体和官方披露消息，因存在较大信息不对称情况，公民并不能详细了解社会救助团体的具体信息，从而无法实现对其进行有效监管。而内部监管，由于社会救助团体的自律机制尚未系统建立，因此社会救助团体也缺乏有效的内部监管。在长期监管不到位的情况下就难免会出现各种问题。因此，应该加强对社会救助团体的监管。外部监管方面，除社会救助团体应提高自觉性、积极向公众披露信息、自觉寻求公众的监督外，大众媒体也应承担起责任，对其不良行为提出批评和建议。内部监管方面，社会救助团体应自觉建立起自律机制，对自身行为作出监管。

最后红十字会此次的危机公关行动也有许多不足之处。针对质疑，红十字会并未及时作出回应，6 月 20 日质疑出现，6 月 22 日红十字会才在官网作出澄清，经过两日的发酵，事态进一步扩大，舆论也到了难以挽回的地步。并且红十字会召开发布会时，将大量媒体拒之门外，此行为更是引发诸多猜疑。诸多不恰当的举动使得此次公关并没有成功，不过这也给日后应对此类事件提供了一个典型的负面案例，值得反思。在网络发达的今天，公关危机的处理更需要重视舆论的力量。在此类事件发生后，相关方应该在第一时间作出反应，以真诚的态度对民众最关心、最在意的问题进行明确回应。除此之外，还要提供专业并且说服力强的证据来进行自证，正视自身存在的问题和缺陷，这样才能重获民众的信任。

三、课堂习题

1. 公众如何监督救灾捐赠？
2. 社会组织参与救灾捐赠应该注意哪些问题？

第七章 公共危机的协调合作

第一节 纵向危机协调的困境

一、案例描述：2021 年山东五彩龙投资有限公司栖霞市笏山金矿“1·10”重大爆炸事故[①]

（一）事故发生背景

1. 社会背景

2019 年 12 月以来，新冠肺炎疫情大流行在全球暴发。因此次疫情传播速度快、影响范围大，为应对此次疫情，中国众多地区采取停工停产策略。到 2021 年，经过一年的努力，中国的疫情得到有效控制，大部分地区转为低风险区域，人们的工作和生活也逐渐恢复正常，大多数企业都开始复工复产。

2. 山东五彩龙投资有限公司

山东五彩龙投资有限公司成立于 2006 年 8 月 16 日，注册地位于山东省烟台市栖霞市西城镇常青街 130 号（西城镇人民政府一楼西），经营范围包括地下开采金矿、银矿。

（二）事故发生过程

1. 事故的发生

2021 年 1 月 10 日，烟台新东盛建筑安装工程有限公司（以下简称新东盛工程公司）施工队在向回风井六中段下放启动柜时，发现启动柜无法放入罐笼，施工队负责人李某安排员工唐某波和王某磊直接用气焊切割掉罐笼两侧手动阻车器，有高温熔渣块掉入井筒。12 时 43 分许，浙江其峰矿山工程有限公司（以下简称浙江其峰工程公司）项目部卷扬工李某兰在提升六中段的该项目部凿岩、爆破工郑某等 3 人升井过程中，发现监控视频连续闪屏；罐笼停在一中段时，视频监控已黑屏。李某兰于 13 时 4 分 57 秒将郑某等 3 人提升至井口。13 时 13 分 10 秒，风井提升机房视频显示井口和各中段画面“无视频信号”，几乎同时，变电所跳闸停电，提升钢丝绳松绳落地，接着风井传出爆炸声，井口冒灰黑浓

① 根据山东省应急管理厅．山东五彩龙投资有限公司栖霞市笏山金矿“1·10”重大爆炸事故调查报告［EB/OL］.（2021-02-23）［2021-07-30］. http://yjt.shandong.gov.cn/zwgk/zdly/aqsc/sgxx/202102/t20210223_3536726.html. 等资料编写。

烟，附近房屋、车辆玻璃破碎。山东五彩龙投资有限公司（以下简称五彩龙公司）和浙江其峰工程公司项目部有关人员接到报告后，相继抵达事故现场组织救援。14 时 43 分许，采用井口悬吊风机方式开始抽风。在安装风机过程中，因井口槽钢横梁阻挡风机进一步下放，唐某波用气焊切割掉槽钢，切割作业产生的高温熔渣掉入井筒。15 时 3 分左右，井下发生了第二次爆炸，井口覆盖的竹胶板被掀翻，井口有木碎片和灰烟冒出。

2. 事故的处置

1）先期处置情况

事故发生后，涉事企业五彩龙公司、浙江其峰工程公司项目部、新东盛工程公司有关负责人先后到达事故现场组织救援，采取了排查井下作业人员及作业地点、恢复风井地表供电、对井下通风、派员下井搜救侦查等措施，同时请招远市金都救护大队救援。当日 17 时许，招金矿业公司副总裁兼安全总监和招远市金都救护大队到达现场支援。

2）事故救援情况

接到报告后，省委、省政府迅即成立省市县一体化救援指挥部，由省委常委、常务副省长任总指挥，副省长及烟台市委、市政府主要负责人任副总指挥，组织开展现场救援工作。总指挥部下设综合协调、现场救援、专家、医疗救治、新闻舆情、安全保卫与交通保障、后勤保障与联络、家属接待、疫情防控、事故调查、生命通道联络保障 11 个工作组。1 月 12 日中午，应急管理部副部长、国家矿山安全监察局局长黄玉治带领工作组到达现场指导救援。现场指挥部坚持科学施救、有序施救、安全施救，紧急调集省内外救援队伍 20 支，救援人员 690 余名，救援装备 420 余套，前期制定了井筒清障和地面打钻“两条腿并行”思路，后期调整为“3 + 1”总体救援方案，即以生命维护监测、生命救援、排水保障 3 条通道为主，探测通道为辅，同步推进；井筒清障突破后，迅速搜寻被困人员。1 月 24 日，救援人员在四中段发现矿工刘某，于 11 时 13 分顺利升井，送医院救治。12 时 50 分清障至五中段后，分别于 13 时 33 分、14 时 7 分、14 时 44 分、15 时 18 分对五中段张某等 10 名被困矿工分四批升井，送医院救治。之后，10 名遇难矿工遗体陆续升井，仍有 1 名矿工失联。1 月 27 日，指挥部决定现场紧急救援转为常态化搜救。截至 1 月 30 日，10 人已出院，1 人留院观察治疗；遇难人员善后工作完成。

3. 事故的恢复

1 月 14 日，省委、省政府决定，成立山东五彩龙投资有限公司栖霞市笏山金矿“1·10”重大爆炸事故调查组，特邀省检察院派员参加。事故调查组下设技术组、管理组、综合组、专家组，并由中国工程院院士担任专家组顾问。省纪委监委成立了事故问责调查专门工作组，对有关地方党委政府和相关部门公职人员涉嫌违纪违法问题开展调查。1 月 27 日，国务院安委会办公室对事故的相关负责人进行约谈，并决定对此事件进行挂牌督办，由国家矿山安全监察局副局长带队进驻督导山东彻查事故原因。1 月 28 日，应急管理部指派国家矿山安全监察局副局长黄锦生带领督导组赴栖霞市督导事故调查工作。2 月 23 日，山东省应急管理厅发布对山东五彩龙投资有限公司栖霞市笏山金矿“1·10”重大爆炸事故的调查报告。2 月 26 日，山东省人民政府官方网站发布关于山东五彩龙投资有限公司栖霞市笏山金矿“1·10”重大爆炸事故调查报告的批复，公布了对相关涉事人员的各项处分，建议给予相关责任人 28 余人党纪政务处分及组织处理。

（三）事故原因分析

1. 直接原因

经调查，此次事故发生的直接原因是：井下违规混存炸药、雷管，井口实施罐笼切割作业产生的高温熔渣块掉入回风井，碰撞井筒设施，弹到一中段马头门内乱堆乱放的炸药包装纸箱上，引起纸箱等可燃物燃烧，导致混存乱放在硐室内的导爆管雷管、导爆索和炸药爆炸。

2. 间接原因

1）事故相关企业

事故相关企业未依法落实安全生产主体责任。

（1）五彩龙公司。无视国家民用爆炸物品及安全生产相关法律法规规定，民用爆炸物品安全管理混乱，长期违法违规购买、储存、使用民用爆炸物品；未落实安全生产主体责任，企业管理混乱，是事故发生的主要原因。①民用爆炸物品管理混乱。使用栖霞市公安机关依据已废止的行政法规核发的爆炸物品使用许可证，申请办理爆炸物品购买手续，长期违规购买民用爆炸物品；未健全并落实民用爆炸物品出入库、领用退回等安全管理制度，对库存民用爆炸物品底数不清；长期违法违规超量储存民用爆炸物品且数量巨大，违规在井下设置 3 处民用爆炸物品储存场所，炸药、导爆管雷管和易燃物品混存混放。②对施工单位长期违法违规使用民用爆炸物品监督检查不力。主要负责人及分管民用爆炸物品、安全生产工作的负责人对施工现场安全生产不重视，对施工单位的施工作业情况尤其是民用爆炸物品储存、领用、搬运及爆破作业情况监督检查、协调管理缺失。③建设项目外包管理极其混乱。对外来承包施工队伍安全生产条件和资质审查把关不严，日常管理不到位；对浙江其峰工程公司、新东盛工程公司等外包施工单位管理不力，以包代管，只包不管，对浙江其峰工程公司、新东盛工程公司交叉作业未进行统一协调管理，未及时发现并制止违规动火作业行为；对进场作业人员安全教育培训、特种作业人员资格审查流于形式。④瞒报生产安全事故。企业主要负责人未按照规定报告生产安全事故。事故发生后，该企业没有选择及时上报，而是自行组织救援，但由于其对救援困难估计不足，过了一天，直到 1 月 11 日才向栖霞市应急管理局报告有关情况，存在着瞒报、迟报问题。

（2）浙江其峰工程公司。违反国家民用爆炸物品、外包施工单位安全管理法律法规，外派项目部在五彩龙公司违法违规储存、使用民用爆炸物品，安全生产管理混乱。①对派驻的山东栖霞金矿项目部民用爆炸物品管理、使用混乱。回风井一中段临时储存点的炸药、导爆管雷管和易燃物品混存混放等安全隐患长期存在；违规使用民用爆炸物品，放任回风井爆破作业人员自用自取、剩余自退，未按规定记载领取、发放民用爆炸物品的品种、数量、编号以及领取、发放人员姓名；违规使用未取得爆破作业人员许可证的人员实施爆破作业。②对外派项目部管理严重失控。浙江其峰工程公司2020年未按规定对项目部进行安全检查，公司安全部仅于当年9月11日到项目部检查过一次。公司外派驻山东栖霞金矿项目部未按规定配备专职安全管理人员和相应的专职工程技术人员；未按规定对驻山东栖霞金矿项目部人员进行安全教育培训，对爆破作业人员、安全管理人员进行专业技术培训不到位。③施工现场管理混乱。外派项目部主要负责人未履行项目经理职责，对现场交叉作业管理不到位，纵容、放任爆破作业过程非法违法行为。

（3）新东盛工程公司。未取得矿山施工资质，违规承揽井下机电设备安装工程；未严格执行动火作业安全要求，作业人员使用伪造的特种作业操作证，未与浙江其峰工程公司进行安全沟通协调、未确认作业环境及周边安全条件的情况下，在回风井口对罐笼进行气焊切割作业。

2）政府及业务主管部门

政府及业务主管部门未认真依法履行安全监管职责。

（1）公安部门。①栖霞市公安局未依法履行监管职责，主要包括民用爆炸物品购买和运输安全监管职责、民用爆炸物品储存和使用安全监管职责、民用爆炸物品流向监控安全监管职责和民用爆炸物品安全监督检查职责，且栖霞市公安局未按规定及时上报事故。②烟台市公安局履行民用爆炸物品安全监管职责不到位。对栖霞市公安局履行民用爆炸物品安全监管职责监督、指导不力；对栖霞市民用爆炸物品信息管理系统的运行监管不力；对栖霞市公安局未依法履行民用爆炸物品购买、使用和储存、流向监控安全监管职责存在的问题失察；未认真履行爆破作业单位安全监督检查职责，对取得营业性爆破作业单位资质的兴达爆破公司监督检查不力。

（2）应急管理部门。①栖霞市应急管理局履行非煤矿山安全生产监督检查职责不力，非煤矿山监管人员配备不足，对五彩龙公司及外包施工单位管理混乱等问题监督不到位，未按规定及时上报事故。②烟台市应急管理局组织开展非煤矿山安全生产抽查检查工作不到位；对栖霞市应急管理局安全生产监督检查工作监督指导不力。

（3）地方党委、政府。①栖霞市西城镇党委、政府未认真履行对五彩龙公司、浙江其峰工程公司项目部等辖区内生产经营单位安全生产状况监督检查职责，协助栖霞市有关部门依法履行民用爆炸物品、非煤矿山安全生产监督管理职责不力。②栖霞市委、市政府未认真落实烟台市委、市政府关于民用爆炸物品、非煤矿山安全生产监管工作的部署和要求，事故发生后未按规定及时上报事故；未认真督促栖霞市相关部门依法履行民用爆炸物品、非煤矿山安全生产监督管理相关职责；未认真督促西城镇党委、政府依法履行安全生产监督检查职责。③烟台市委、市政府未切实加强烟台市民用爆炸物品、非煤矿山安全生产监督管理工作的领导；未有效督促烟台市相关部门依法履行民用爆炸物品、非煤矿山安全生产监督管理职责；对栖霞市委、市政府未有效落实民用爆炸物品、非煤矿山安全生产监督管理职责等问题失察。

二、案例应用：信息瞒报现象为何会出现？

笏山金矿“1·10”重大爆炸事故是一起典型的存在信息瞒报的事故，该事故发生于2021年1月10日，经认定，五彩龙公司和栖霞市均构成迟报瞒报行为。事故发生后，五彩龙公司和栖霞市认为可以救出被困人员，因此决定继续组织救援，暂不上报。根据《生产安全事故报告和调查处理条例》的相关规定，事故发生后，该事故的第一目击人应立即向单位负责人进行汇报，而单位负责人则应在1小时以内向当地有关部门汇报。此次爆炸发生于2021年1月10日，但是栖霞市政府的相关部门于2021年1月11日才选择进行上报，整整迟了一天，所以存在迟报行为。该事故危害严重，造成了严重的人员伤亡，被困的22名矿工中就出现了10人死亡、1人失踪的惨状。如案例描述所示，该事故后果如此严重的原因有两点：涉事公司违规操作、迟报以及当地相关部门监管不力且存在违规迟报行为，在此将着重对该事故中存在的瞒报问题进行分析。

首先是关于事故瞒报的危害。第一，事故瞒报将会危及被困人员的生命安全。涉事企业和栖霞市政府相关部门在事故发生后选择自行救援被困人员，由于其救援水平有限，救援失败，浪费了一天的宝贵救援时间，最后使得10人死亡、1人失踪，严重危害了被困人员的生命安全。第二，事故瞒报不利于找到事故发生的原因，无法真正消除事故隐患，可能导致再次发生此类事故。发生事故后，涉事主体往往会自己寻找方法掩盖和解决，可能无法从根源上找到事故真正的原因，同时由于缺少专家的鉴定，也可能无法彻底消除事故隐患，日后还有可能再次发生同类型的事故，造成二次伤害。第三，事故瞒报不利于同类型主体吸收经验教训。瞒报的事故往往知情人较少，因此同类型的主体可能无法得知事故的细节和真相，就无法从中吸取和借鉴经验教训，从而降低自身发生事故的可能性。

其次是涉事企业和栖霞市决定瞒报的原因。第一，事件发生的直接原因是该公司操作不当，在此过程中栖霞市相关政府部门等人存在监管不力情况，当时的市委书记等人因为害怕承担责任因此选择瞒报。该事件的发生并不是出于偶然，而是因该公司长期存在民用爆炸物品管理混乱情况，诸如违规将爆管雷管、导爆索、炸药等物品在井下混合保存等，并且在此次作业中违规在井口进行动火作业，从而引发爆炸，导致多名矿工被困于井下。这样混乱的管理行为是在当地的监管下出现的，因此不难发现相关政府部门监管失责的情况。第二，矿难瞒报的现象并不罕见。我国的矿难事故不断发生，而瞒报现象也时有发生，除了被爆出的事故，私下里自行解决的例子也并不罕见。因此在事故发生后，相互模仿从而隐瞒事故的行为也是存在的。第三，涉事企业和栖霞市相关政府部门认为此次事故可以自行解决。在事故发生后，时任栖霞市委书记的姚秀霞经判断认为不需要上报可以自行组织救援，说明其并未将此次事故视为一次严重的事故。第四，上级部门监管不足。信息时代，信息的传播速度很快，但是在发生爆炸事故后的近一天内，相关部门未掌握情况，由此可以看出上级部门存在监管不足情况。倘若相关部门及时掌握情况，此次的瞒报行为可能也不会出现。

最后是针对此次瞒报行为而提出的一些建议。第一，应该加强各主体的思想道德修养和法律修养。此次的瞒报事故之所以会出现，是因为涉事主体并没有意识到瞒报这一行为的危害，瞒报这一行为是漠视被困于井下的数位矿工的性命的行为也是漠视法律的行为，由此可以看出涉事主体道德和法律的缺失。因此应该着手加强各主体的思想道德修养和法律修养。提高其思想道德修养可以让其明白瞒报这一行为的危害性，从而自发地不进行瞒报。而提高其法律修养，则是从法律层面去规范其自身行为。违反法律就会受到不同程度的惩罚，因此为了避免惩罚，各主体就会约束自身行为，不进行瞒报。加强各主体的思想道德修养和法律修养也有多种方式，主要还是要加强宣传教育。在互联网时代，各主体可以通过网络方式进行各种宣传，利用好诸如短视频、公众号推送、网络推广等方式进行宣传教育。第二，可以适当加大针对瞒报这一事件的惩罚力度。矿难瞒报事件时有发生，而某些矿难瞒报往往透露出这一行业所隐藏的问题。例如 2008 年的河北蔚县矿难瞒报事件。河北蔚县矿难瞒报事件背后，参与瞒报的不仅是涉事企业，更有地方官员和记者，这件事背后恰恰暴露了针对此类事件的惩罚力度还不够的问题。加大惩罚力度可以对涉事主体加强约束，瞒报就意味着要付出更大的代价，那么出现瞒报的可能性就会更小。第三，加强监管，建立并健全监管机制。对瞒报这一行为进行监管，不仅要依靠外部监管也要依靠其内部监管。在组织内部建立内部监管系统时，应该注重其独立性，具有独立的权责，这样才能不受所在组织的干扰，独立进行上报。而外部监管则要提高上级部门及大众媒体的警觉性和挖掘性，重视每一次事故的发生，但是又要保持客观和理智，不能造谣传谣，这样才能真正发挥其外部监管的作用，减少瞒报事件发生。第四，可以建立事故上报的激励机制。在瞒报事件中，大多是因为涉事主体害怕利益受损或承担责任受到惩罚，因此不愿意进行上报。如果建立起相关的激励机制，可以对涉事主体起到激励作用，这样可以在一定程度上消除该主体的顾虑，从而提高该主体的热情。除此之外，还可以将主动上报的主体所遇到的问题进行一个汇总报告，利用网络媒体进行宣传和分享，让更多人了解到上报的益处，激励更多主体在遇到事故后积极上报。

通过对笏山金矿“1・10”重大爆炸事故进行分析，不难发现在事故发生后，瞒报并没有益处，反而会带来更多危害。但是为了减少瞒报这一现象发生，并不仅是从涉事主体身上下手即可，需要各方共同努力。因此相关各方都应该积极采取措施，这样才能真正减少瞒报这一现象的发生。

三、课堂习题

1. 山东五彩龙投资有限公司栖霞市笏山金矿“1・10”重大爆炸事故中，企业为什么会明知道瞒报会被处分，还要瞒报？

2. 纵向协调中的信息报送机制，为什么在现实执行中存在困难？

第二节　横向危机协调的困境

一、案例描述：2008 年中国南方雪灾事件①

（一）事件发生背景

我国秦岭—淮河一线以南的广大地区统称为南方，而我国的供暖分界也是以秦淮线为界。因我国开始安装集中供热系统是在 20 世纪 50 年代，当时我国能源短缺、经济水平落后，因此为了节约成本，将“秦淮线”以南累年日平均温度低于或等于 5 ℃的天数不够 90 天的南方地区划为不供暖区域。我国南方罕见极端低温、雨雪冰冻天气，抵御此类风险的能力较弱。

（二）事件发生过程

1. 事件的爆发

2008 年 1 月 3 日起，我国开始发生大范围的低温、雨雪、冰冻等自然灾害，国内 20 个省（区、市）均不同程度受到低温、雨雪、冰冻灾害影响。

铁道部于同年 1 月 18 日宣布当年的铁路春运提前启动，春运由原先的 15 天延长至 21 天。同日，湖北、江苏和安徽等地出现大到暴雪，中国出现了入冬以来最大范围的雨雪天气过程。1 月 25 日，持续的大降雪导致湖南一座高压电塔倒塌，直接造成了春运大动脉京广铁路南段阻梗，危机爆发。

2. 事件的处置

（1）紧急救援。1 月 27 日下午，国务院召开紧急电视电话会议，针对灾情部署和落实各项保障工作。国务院总理温家宝在会上强调，紧急行动起来，齐心协力，坚决打好这场减灾抗灾的硬仗。当天，中央气象台发布最高等级暴雪红色警报。灾害发生后，民政部门启动四级应急响应。在财政部门的支持下，民政部首次将铁路、公路滞留人员和城市被困人员纳入救灾工作范围，累计救助 655. 5 万人。

（2）发放救灾物资。针对此次灾害的特殊情况，紧急协调部队空投御寒物资和方便食品，短期内向灾区发放大量救灾物资；会同财政部先后向 19 个受灾省份紧急下拨中央自然灾害生活补助资金 5. 35 亿元，其中恢复重建预拨资金 2. 04 亿元，向 7 个重灾省份增拨城乡低保对象临时补贴资金 7. 1 亿元，湖南、贵州、江西、安徽、湖北、广西、浙江、四川等 8 省（区）各级共投入救灾资金 15. 05 亿元，有力保障了救灾工作的开展。

（3）各方援助。截至 2 月 22 日，社会各界捐赠款物（含物资折款）15. 3 亿元，其中

---

① 根据孙雅萍．对中国南方特大雪灾的成因分析及思考［J］．国土与自然资源研究，2009（2）：72 – 73；胡文静，王怀诗．公共危机中的信息公开问题初探：基于对 2008 年南方雪灾事件的思考［J］．情报杂志，2008（11）：143．等资料编写。

民政部直接接收国内救灾款 8709. 9 万元，中国红十字总会接收救灾款物 1. 151 亿元，地方红十字会募集款物 1. 286 亿元，中华慈善总会接收救灾款物 5200 万元，湖南等 8 省（区）直接接收救灾款物 11. 05 亿元。

3. 事件的恢复

（1）帮助灾民转移安置。截至 2 月 13 日，中央财政共安排和拨付各项救灾补助资金约 27 亿元，资金主要用于灾区，特别是重灾区灾民转移安置的生活救助。

（2）确保受灾群众的口粮。民政部和财政部通过对灾民进行摸底排查以确保落实春荒救助。

（3）重建因灾倒损的房屋。2008 年 2 月底完成对倒塌、损害民房的排查和核定，并争取在 6 月底前完成恢复重建工作。

（4）政府部门帮助恢复灾区人民的正常生活。农业部负责受灾人群尽快恢复农业生产、生产自救；教育部负责恢复和确保受灾地区学生正常上学的问题；卫生部负责加强灾区卫生防疫治病工作。

（5）保险赔付。雪灾发生后一个月内，各保险公司已支付赔款 10. 4 亿元。

（三）事件原因分析

1. 宏观成因

受拉尼娜现象影响。拉尼娜现象是指赤道太平洋东部（秘鲁附近）海水大范围持续异常变冷，而西太平洋海水升温的现象。2007 年 9 月，东太平洋、赤道中已进入拉尼娜状态，10 月，拉尼娜现象已在东太平洋、赤道中完全建立。2008 年 1 月西南暖湿气流北上遇到不断从西伯利亚地区传输冷空气的高压系统，由于太平洋上的副热带高气压带减弱，无法完全对大陆冷气团进行牵制，因而南北两股冷空气进入中国内陆地区，信风带来的暖湿气流控制南方，带来大量水汽。冷暖空气于长江中下游及以南地区形成交汇，因冷空气密度大下沉，暖空气则沿着冷空气层上升，大气环流稳定少变，水汽在高空凝结，在其锋面上就形成了大范围的降水，气温低就形成了降雪。

2. 地理因素

首先，中国东南沿海地区以平原地形为主，拉尼娜现象产生的太平洋西海岸暖湿气流容易进入。其次，中国地形西高东低，西伯利亚冷空气可以深入到南方地区，经过秦岭、南岭的两次抬升，冷空气与暖湿气流接触，经长时间停留，形成大量降水。

3. 人为因素

首先，南方居民对雪灾的防范意识较低。南方地区发生强降雪的天气较为罕见，因此南方居民对于雪灾的防范意识和能力均较弱。

其次，南方地区公共基础设施远达不到应对此次降雪的要求。由于地理、资源配置等因素，南方的供暖等基础设施无法应对此次降雪。

最后，一些巨大工程对地表地形的改变无形中加重了这次雪灾。大型人造地形，特别是峡谷水汽通道上的大型水库大坝，对气候和降水有一定作用，造成大量水汽在西风的带动下进入中国南方地区，增加了雪灾的严重性。

二、案例应用：跨部门协调为何困难?

自2008年1月3日起，我国发生了大范围的低温、雨雪、冰冻等自然灾害。此次雪灾范围大、影响广，全国20多个省区市均受到了不同程度的影响。当时多地出现伤亡事故，造成截至2月24日，因灾死亡的人数达到129人。还造成了多地交通、电力系统的瘫痪，并导致多地物价大幅上涨，破坏了当地的市场。此次雪灾危害如此之大的原因有两个方面，一方面是此次自然灾害自身带来的影响巨大，此次雨雪天气属极端天气，十分恶劣且鲜有发生；另一方面是危机应对能力不足，诸如横向危机协调机制的不足、缺乏危机预警机制等。下面从横向危机协调中跨部门协调的困难这一角度进行分析。

首先，2008年特大雪灾的影响范围非常广，涉及多个省区市。北至新疆，南至广东，全国范围内有20多个省区市均受到不同程度的影响，这是由于事前缺乏雪灾预警且各个地区应对雪灾的能力不相同而导致的。不过即使受灾情况不同，各个地区也并不是相互独立而存在的个体，他们彼此联系，牵一发而动全身。2008年1月25日，受到冰雪和冻雨影响，湖南郴州境内发生输电塔倒塌事件，这一事件直接导致京广线配电所跳闸断电，使得从深圳西开往湖南怀化的N582次列车在行驶至湖南耒阳时失去电力被迫刹车，贯彻南北的大动脉京广线彻底被切断。诸如此类的情况还有很多。但是由于各省市的政府系统又较为独立，因此在沟通协调中也出现了不少困难，使得此类问题无法及时解决。我国虽有多个省区市受雪灾影响，但仍有部分省区市幸免于难。因此，在雪灾发生后，当务之急是对资源进行一个合理的分配和调度，但是由于各省区市都较为独立，彼此之间缺乏有效的信息汇总和沟通机制，导致各地区严重的信息不对称。因此在中央政府进行统一调配之前，各地区的资源都处于分散状态，得不到合理配置。

其次，此次雪灾涉及的部门众多。此次雪灾所造成的影响涉及多个部门，如供电系统、通信系统、交通系统、能源部门以及邮政部门、银行等。此次雪灾所带来的低温、雨雪及冰冻等自然灾害对供电系统、通信系统、交通系统的正常运行造成了影响。这三大系统是社会正常运行的基础，这三大系统的损坏也会对能源系统、银行、物流、供水、供暖、供气等造成直接或间接的影响，从而影响公民大众的健康生活，对社会的正常运作产生影响。虽然这些部门的功能相互联系，但是其管理和运作仍处于相互独立的状态，彼此之间缺乏高效的信息汇总和沟通机制，导致了各部门信息不对称的问题，并且每一层级的权责有限，有时需要层层上报，无法做到在出现问题的第一时刻互通有无，也就无法实现资源的高效配置。

通过上述分析，不难看出跨部门协调的困难主要有以下几个方面。第一，各部门之间信息不对称。协调最基本的手段是加强信息沟通，而沟通则是信息在不同主体之间的双向流动，因此信息是沟通和协调中最重要的因素。如果部门之间所掌握的信息不对称，就可能会产生沟通障碍，从而影响协调效果。但是在跨部门的协调中，信息不对称这种情况是无法避免的，因为各部门之间对信息内容的掌握程度不一，对信息的理解也不尽相同，所以其是无法被彻底解决的，只能采取各种手段去减少部门间的不对称。第二，我国行政管理层次多，信息传递慢，且容易出现失真情况。我国国土辽阔，政府机构庞大冗杂，具有较多的管理层次。危机出现后需要进行层层上报，这就会出现信息传递慢且因传递而导致失真的情况。在各项系统出现问题之后，我国部分地区在此情况下陷入了混乱状况，虽然国务院在得知情况后及时作出统一部署，但是信息由地方到中央经过层层传递仍浪费了不少时间。第三，缺乏应对雪灾这类灾害的跨部门协调经验。2008 年的雪灾实属我国罕见的冰雪类极端天气，由于受灾地域范围较广，需要各地区各部门协调合作应对危机，但是由于缺乏经验，在应对过程中出现了种种问题。

针对此次危机所表现出的困境，在此提出一些建议。第一，应该建立高效的信息沟通和共享机制，选择好信息公开渠道①，搭建信息共享平台。现如今我国正积极推行电子化政务，各地政府都在积极建立其电子化信息系统，因此可以将各地和各部门的信息和资源进行一个整合，将医疗、交通、能源、通信等信息和资源汇总在一个平台中，从而实现信息资源共享。第二，跨部门协调时需要依靠统一领导。我国不论是政府部门还是事业单位都各司其职，具有各自的权责。2008 年的雪灾在发生前并无预警，这使得灾害发生时各方都没做好充足的准备，且发生时间恰逢春节，在供电系统出现问题中断后，牵一发而动全身，交通、通信也陷入了瘫痪，国内部分地区在此情况下陷入混乱，正是依靠国务院的统一领导才实现了各部门间的协调。在跨部门协调中，容易出现跨部门协作指挥系统不统一的情况，从而导致权责不清、效率低下的后果。因此在跨部门协调过程中应注意指挥系统的统一，可以建立起具有较高权限的中枢应急部门，赋予其在危机中的决策权，从而实现危机中跨部门的协调。第三，应积极吸取过去发生的灾害中的经验教训，针对频发的灾害可以多进行演练，积累经验，防患于未然。对于雪灾这种并不罕见的极端天气，更应该对其进行反思和总结，并对其中所暴露出的问题进行针对性改善，这样才能提高各部门之间的协调能力，以便日后能够更好地应对和处理危机。

三、课堂习题

1. 2008 年中国南方雪灾事件涉及哪些政府部门？

2. 危机中跨部门的协调为什么很困难？

① 胡文静，王怀诗．公共危机中的信息公开问题初探：基于对 2008 年南方雪灾事件的思考［J］．情报杂志，2008（11）：143．

第三节 国际危机协调

一、案例描述：2010 年“1·12”海地地震[①]

（一）事件发生背景

海地共和国简称海地，位于加勒比海北部，伊斯帕尼奥拉岛（即海地岛）西部。占地 2.78 万 km^2，其中 75.8% 的国土为山地，其余为平原和高原。东与多米尼加共和国相邻，西与古巴和牙买加隔海相望，北濒大西洋，南临加勒比海。属拉美最不发达国家，经济以农业为主，依赖外援。海地首都太子港是著名的良港，人口约 100 万，是全国最大的港市。据估计，该市 60% 的建筑物都处于不安全的范围内，一旦出现大规模地震，将有大量建筑倒塌。

海地所处的海地岛是地震活跃地区，历史上曾多次经历过破坏性地震。1751 年 10 月，地震损毁了海地大部分建筑物，整个太子港只有一栋砖石建筑物未倒塌。1770 年 6 月 3 日，地震使整个城市都受到了影响，“整个城市倒塌了”。1842 年，海地北部城市发生的一次地震，其影响波及了邻近的多米尼加共和国部分地区。1946 年，海地和多米尼加共和国发生里氏 8.0 级地震，造成多人伤亡。

科学家曾多次预测海地会有发生重大地震的风险。一份 1992 年的报告指出，海地处于地震活动末期的恩里基洛—芭蕉花园断层带上，板块的水平移动会引起这一地区的地震。2008 年 3 月，保罗·曼等人指出恩里基洛—芭蕉花园断层带存在较大变形，有可能引发 7.2 级以上地震。2008 年 9 月，海地的一份报纸指出太子港位于发生地震的高风险地区。

（二）事件发生过程

1. 事件的爆发

2010 年北京时间 1 月 13 日 5 时 53 分，当地时间 1 月 12 日 16 时 53 分，海地发生里氏 7.3 级地震，海地全国范围内大部分地区包括首都太子港受灾情况均十分严重。此次地震的震中位于首都太子港西部约 15 km 处，震源深度约为 8 km。其后不久，海地又相继发生了震级分别为 5.9 级和 5.5 级的两次余震。截至 1 月 26 日，海地地震已造成 20 余万人死亡，近 20 万人受伤。其中，中国驻海地维和部队中已有 8 人遇难，10 多人失踪。联合国工作人员海地地震遇难人数为 49 人，另有 300 多人下落不明。当地社会秩序被严重破坏，趁灾抢掠的情况持续恶化，物价也大幅上涨。因死亡人数过多，当地还出现了传染病。

2. 事件的处理

① 根据张晁军，李卫东，吴敏，等．海地 7.3 级地震概况和烈度计算［J］．国际地震动态，2010（2）：1－5；左玉玲．海地地震发生在构造复杂的地震活动带［J］．国际地震动态，2010（1）：1－2．等资料编写。

（1）联合国。1 月 13 日，联合国秘书长潘基文宣布，向海地提供 1000 万美元的紧急地震援助。

（2）中国。1 月 13 日晚，中国派出共 68 人的中国国际救援队携带大量救援物资前往海地进行抢险救灾。救援队由三个分队组成，其中包括各科医生、地震专家及工兵团的成员，共携带包括救援、医疗、食品在内的总价值约 1200 万元人民币的 10 余吨救灾物资和三只搜救犬。1 月 24 日，中国政府决定再无偿向海地提供 1800 万元人民币，用于提供物资和派遣医疗防疫救护队。至此，中国已累计向海地提供价值 4800 万元人民币的物资和救护援助以及 360 万美元的现汇援助。

（3）其他各国。加拿大宣布派出一架救援飞机前往海地运送救援物资和医疗用品。巴拿马派遣救援小组前往海地进行救援、成立捐赠中心为海地募集食品和药物。巴西向海地提供了 1000 万美元和 14 t 食物用于援助。德国向海地提供 100 万欧元的资金援助，以及价值 50 万元的食品援助。

3. 事件的恢复

2011 年 1 月 10 日，经联合国副秘书长、海地事务特别代表费希尔报告，重建工作取得初步进展，经重建 70 万灾民可以重返家园，95% 的学龄儿童可以重返校园。他表示 2011 年的重点工作是重建。海地重建临时委员会批准了 30 亿美元的项目方案，其中 12.8 亿美元资金已经到位，以支持海地恢复农业生产、增加就业、改善基础设施和政府能力建设，加快推进海地灾后重建与发展。疫情防控方面，治疗中心基本建成，重点是对霍乱防治知识的宣传和对当地供水、卫生状况的改善。

2011 年 2 月 16 日，美国前总统克林顿于 15 日同两名海地总统候选人讨论了海地地震灾区重建的问题。

2012 年，海地重建工作仍发展缓慢，仍有 50 万人在防水布和帐篷中生活，2 万人在太子港市中心的营地中生活。

2015 年，海地的重建工作也并未好转，首都各地的贫困恶化。

2021 年 8 月 14 日 20 时 29 分，当地时间 8 月 14 日 7 时 29 分海地发生 7.3 级地震。

（三）事件原因分析

（1）海地地区有发生破坏性地震的地质条件。北部是向西南运动为主的北美板块，西南是向东北方向运动的太平洋板块，东南是以北北西运动为主的南美板块。整个岛内，大小断层错综复杂，走滑断层、逆冲断层、正断层极为发育，从大的构造环境来说海地地震是这些板块相互作用的结果①。

（2）震中位于首都太子港附近。首都太子港人口约 100 万，是全国最大的港市，震中位于其西南方 15 km 处，其位置在 X 度烈度区边缘。

（3）海地贫穷，基础设施建设差，无法应对地震的强破坏力。海地是个贫穷国家，其

① 张晁军，李卫东，吴敏，等. 海地 7.3 级地震概况和烈度计算 [J]. 国际地震动态，2010 (2)：1－5.

住房和建筑物不能承受如此大的破坏力。

二、案例应用：危机中国家之间合作存在的问题

2010 年 1 月 12 日，海地发生了震惊世界的里氏 7.3 级地震，此次灾害伤亡惨重，直接导致海地 22.25 万人死亡，19.6 万人受伤，且遇难者中有联合国驻海地维和部队人员，其中还包括 8 名中国维和人员。此次地震过后，该地区又发生了几次余震，震级达 5.9 到 6.4 级，对该地的住房、农田等均造成了严重损害，不仅给当时的救援行动带来了严重不便，还给后续的过渡安置和灾后重建工作带来了巨大困难。欧盟委员会 15 日公布的海地地震灾情快速评估报告显示，首都太子港地区有 4000 多栋的建筑物遭到严重损坏，这些建筑中包括学校、医院以及政务大厦等重要基础设施。此次地震造成的后果如此严重的原因主要包括两个方面，一方面是此次地震震级高、余震多、伤害强；另一方面则是海地对此次地震的抵御能力弱，且灾后恢复能力差。震源在海地首都太子港附近，太子港地区受到了严重破坏，包括其政府系统也被严重破坏，且海地已经多年未发生过大型地震，缺乏应对此类地震的经验和能力。因此在震后海地政府表现出了较差的应对危机的能力，主要依靠国际协调与合作来渡过此次难关。

在此次救援中，多个国家和国际组织纷纷施以援手，积极为海地地区提供帮助。在海地地震救援中，有 67 支来自不同国家的国际搜救队参与搜救，来自 29 个国家的军队参与救援，以及多个像联合国、欧盟等的国际组织也积极开展救援行动。这些救援力量中不乏装备齐全、救援经验丰富的团队，为海地的灾后恢复与重建提供了强有力的帮助。

但是参与的国家和国际组织过多，给现场的救援协调工作带来了困难。首先，缺乏海地政府的协调，外来救援队只能各自为战。因地震破坏了当地的政府系统和通信系统，各国派出的救援队在海地不能通过海地政府官方得到有效协调，只能各自为战。加之海地地形复杂，外来的救援队对当地情况并不了解，因此前期的救援行动开展得并不顺利。其次，各国派出的救援队对于救援标准、方法和装备并不统一。不同的国家对于安全有不同的标准，并且其救援队所具备的能力、使用的方法以及携带的装备也不尽相同，在得不到有效协调的情况下，很容易出现效率低下、资源浪费现象。加之各国使用的语言不一，在沟通与协调方面存在较大困难，增加了现场救援难度。最后，政治因素影响各国协调。海地地震是一次国际性的危机，除了发挥人道主义精神外，此次国际救援也是展现其综合实力和国际形象的一次机会。但是有些国家也抱有趁机插手别国内政的想法进行救援，海地当时有 37 家电视台、188 家广播电视台，但是在海地发生地震后当地媒体就基本处于瘫痪失语的状态，使得西方媒体掌握了主动权，而海地则基本丧失了自身的话语权，无法向外界表达自己的观点和对国内公民进行舆论引导①。西方国家的媒体着重报道海地当时混乱

① 晓黎，董子铭，雷力．从汶川与海地地震灾难危机传播管理的比较看中国特色新闻传播体制［J］．四川大学学报（哲学社会科学版），2010（3）：11－15．

的状况以及诸如地震致使罪犯从狱中逃脱等负面新闻。英国的《卫报》更是直接刊登出受害者遗体照片，以这种血腥残忍的方式来获取关注度。这样的报道使得当时海地的灾民更加痛苦，并且使海地呈现出一种在此次灾害中无能为力的弱国形象，使得此次危机处于一个不公正的舆论环境中，影响世界人民的认知与判断①。由于各国的目的不同，在合作过程中难免会相互揣测，不能很好地实现协调合作②。

在全国自然灾害频发的现在，受经济全球化和世界多极化影响，各国灾害的影响及救助都有超越国界的趋势。因此在国际危机中想要实现良好的协调合作应遵循以下原则：预防为主、体现国际公平与正义、奉行人道主义原则、标本兼治、充分发挥联合国的主导作用。除此之外，随着自然灾害的频繁发生，国际救援势必会成为未来国际危机处理的趋势，因此联合国等国际组织也应该针对国际救援建立起统一的制度和程序，建立健全国际救援协调机制，完善相关法律法规，以此来规范各国救援队伍的行为。而对于那些无力对外来救援力量进行协调的国家，则可以更多地发挥联合国的力量，通过联合国来进行多边协调，从而更好地实现国际救援。

三、课堂习题

结合案例谈谈，危机中的国际合作可以包括哪些内容？

① 王飞．“人文关怀”与“身体恐怖”的视觉化解读：从汶川地震和海地地震看境外媒体图片报道的差异［J］．新闻爱好者，2010（11）：30－32.

② 陈虹，王志秋，李成日．海地地震灾害及其经验教训［J］．国际地震动态，2011（9）：38－43.

｜第八章｜

公共危机的沟通管理

第一节　危机新闻发布会的准备

一、案例描述：2011 年“7·23”甬温线特别重大铁路交通事故[①]

（一）事件发生背景

2011 年 7 月 23 日 20 时 30 分 5 秒，甬温线浙江省温州市境内，由北京南站开往福州站的 D301 次列车与杭州站开往福州南站的 D3115 次列车发生动车组列车追尾事故。此次事故已确认共有 6 节车厢脱轨，即 D301 次列车第 1～4 节，D3115 次列车第 15、16 节。造成 40 人死亡、172 人受伤，中断行车 32 小时 35 分，直接经济损失 19371.65 万元。

此事件的发生正值中国高铁快速发展时代。运行速度在既有线提速线上达到 200 km/h 以上，在新建线路上达到 250 km/h 以上的铁路称为高速铁路。世界上第一条高速铁路是 1964 年开通的日本东海岛新干线。1978 年 10 月 26 日，时任国务院副总理的邓小平乘坐新干线列车赴文化古城京都访问。他对随行的记者说乘坐新干线列车的感觉：“就感觉到快，就像推着我们跑一样，我们现在正合适坐这样的车！”1990 年，在邓小平乘坐新干线 22 年后，铁道部完成了“京沪高速铁路线路方案构想报告”，这是中国首次正式提出兴建高速铁路。1999 年 8 月 16 日，中国第一条客运专线秦沈客运线（秦皇岛—沈阳）开工建设。2003 年 10 月 12 日，秦沈客运专线正式开通运营，设计时速 200 km/h，并预留 250 km/h 的提速空间，山海关至绥中北区间可进行时速 300 km/h 试验。该线是中国第一条真正意义上的高速铁路。2004 年中长期铁路网规划发布后，中国开始进入高速铁路的大规模建设时期。也有很多人称其为“高铁大跃进”。这一事件的发生，是我国高铁发展史上的一个挫折，也引发了高铁安全的思考。

（二）事件处理过程

1. 官方反应

“7·23”甬温线特别重大铁路交通事故发生后，在党中央、国务院的高度重视和坚强领导下，浙江省、温州市党委、政府和铁道部等国家有关部门（单位）迅速启动应急响

① 根据中华人民共和国中央人民政府网．“7·23”甬温线特别重大铁路交通事故调查报告［EB/OL］.（2011－12－29）［2021－07－30］. http://www.gov.cn/gzdt/2011－12/29/content_2032986.htm. 等资料编写。

应，成立应急救援指挥机构，紧急开展抢险救援及应急处置工作。当地公安民警、消防和武警部队官兵、驻地解放军指战员、铁路系统干部职工、医疗卫生救护人员、广大人民群众和社会各界人士发扬了无私奉献、不畏艰难、顽强拼搏、连续作战的精神，昼夜不停、奋力救援。浙江省温州市接到事故报告后，迅速行动、立即组织抢险救援，紧急调动市消防支队 22 个消防中队、51 辆消防救援车和市区及周边县（市）消防部队官兵、公安民警 3000 多人及温州军分区官兵 200 多人迅速投入抢险救援。当地 1300 多名干部群众、现场的铁路职工和社会各界人士也自发地迅速开展伤员抢救、无偿献血、转运疏散滞留旅客等工作。与此同时，浙江省和温州市民政、交通运输、电力、通信等部门（单位）都按照预案要求，赶赴现场参加抢险救援工作。铁道部紧急调集了 2000 多人的救援队伍和一批救援设备，投入抢险救援工作。安全监管、公安等部门也派出工作组指导抢险救援工作。国家和浙江省卫生部门派出的 70 多名专家分 3 批紧急赶赴温州指导开展医疗救治工作；当地 1400 多名医务人员参加了医疗救治工作。事发动车组列车乘务人员和广大旅客也积极开展自救、互救。各新闻单位及时报道了事故情况和救援进展。经过各方面的共同努力，整个抢险救援过程中共成功抢救出了 260 名被困遇险人员，疏散并妥善安置了 3 列列车（包括上行线因故障停车的 D3212 次列车）的 3000 多名滞留旅客。伤员救治工作也及时开展。

7 月 25 日国务院批准成立国务院“7・23”甬温线特别重大铁路交通事故调查组，由国家安全监管总局局长任组长。

2. 社会赔偿救助

“7・23”甬温线特别重大铁路交通事故发生后，保监会官员 24 日表示，浙江省保监局已协调组织各保险公司启动应急预案，开启事故核查与理赔绿色通道；温州保监分局于事故发生后第一时间赶到现场，密切关注事态发展，处理赔偿事宜。

24 日上午，温州保监分局迅速召开行业会议，部署各保险单位进驻伤病接收医院，建立一线现场联络点摸清情况，坚持特事特办，开通建立绿色理赔通道，提高理赔时效。

各大保险公司亦已派出调查人员到温州当地各大医院走访排查，设点提供保险理赔咨询。2011 年 7 月 26 日，首个赔偿协议达成，29 岁的遇难者林焱获赔 50 万元。原本以为动车事故赔偿金会因人而异，而负责善后工作的负责人称，事故赔偿金每人总计 50 万元并附加先签协议可获奖励费。

这个消息一出，引起社会广泛议论。不少律师称赔偿过低，也有很多专家说应该由实际情况出发，而不应该是个死数。此前，善后工作组与部分家属就赔偿问题进行了初步沟通协商，主要依据国务院 2007 年颁布的《铁路交通事故应急救援和调查处理条例》，达成了赔偿 50 万元的意向协议。随后，又认真听取了遇难人员家属等意见，充分进行了法律论证。根据《最高人民法院关于审理铁路运输人员损害赔偿纠纷案件适用法律若干问题的解释》中的规定，赔偿权利人有权选择按侵权责任法要求赔偿的精神，本着以人为本、就高不就低的原则，并与遇难者家属进行了进一步的沟通协商，总指挥部研究决定以《中华人民共和国侵权责任法》作为确定“7·23”甬温线特别重大铁路交通事故损害赔偿标准的主要依据。

“7·23”甬温线特别重大铁路交通事故遇难人员赔偿救助金主要包括死亡赔偿金、丧葬费及精神抚慰费和一次性救助金（含被抚养人生活费等），合计赔偿救助金额91.5万元。

二、案例应用：应该如何准备新闻发布会？

（一）“7·23”甬温线特别重大铁路交通事故新闻发布会实录

2011年7月24日22时41分，“7·23”甬温线特别重大铁路交通事故新闻发布会开始。

参加新闻发布会的铁道部负责人有：中华人民共和国铁道部政治宣传部部长、新闻发言人王勇平；温州市卫生局副局长、上海铁路局党委宣传部部长。

22时46分，记者高颖田发布官方伤亡数字：“7·23”甬温线特别重大铁路交通事故共造成35人死亡，192人受伤。发生事故的两辆列车分别为D301次和D3115次。王勇平说，事故发生时，D301次列车上共有乘客558人，D3115次列车上共有乘客1072人。受伤人员分布在11家医院救治。除部分轻微伤情人员自行出院外，目前还有132人住院治疗。目前铁道部已加开两趟列车运送滞留旅客。

24日18时20分，事故现场救援初步结束，因现场暴雨高架桥尚未开通。

铁道部负责人在发布会上公开道歉。

铁道部党组决定，对发生“7·23”甬温线特别重大铁路交通事故的上海铁路局局长龙京、党委书记李嘉、分管工务电务的副局长何胜利予以免职，并进行调查。

22时46分是记者提问时间，记者提出事故还在调查中，为什么要对领导进行处理？

答：高铁产生的安全问题，领导负起首要责任。对于上海铁路局局长龙京等3人免职，为了让老百姓放心。

记者问：高铁车票都是实名制，为什么截至今晚遇难者信息都没有公布？

答：发布会前才最终确立遇难人数35人。将在明天公布遇难者的相关信息。

记者问：记者看到车体首先进行了掩埋，为什么不对车体移除而是要掩埋？

答：车体没有掩埋。当时在现场抢险情况环境复杂，救援施展不便，而且还要处理车里，所以把车头埋在下面，便于抢险。不管你信不信，反正我是信了。

记者问：据说黑匣子已经找到，黑匣子调查结果有没有出来？

答：黑匣子已经找到。黑匣子是列车运行的监控系统，它用于分析事故，提供原始数据。目前对黑匣子的数据调查正在进行中。

记者问：您之前接受记者提问：死亡人数是41人，您刚刚说死亡人数35人，那么哪一个死亡人数才是确切数字？

答：死亡人数就是35个，不是四十几个死亡人数。我在接受媒体采访时没有表达过死亡人数上升到41人的数据。35人是已经证实死亡人数的数字，不包括失踪人员。

记者问：救援行动已经初步结束，现场指挥部多次证实现场已经没有生命体征，为什么最后还会发现那个幸存的小女孩。

答：这是一个奇迹（全场哗然）。

记者问：你们已经在肢解车体，证明已经完全没有生命体征的存在，为什么还会找到幸存女孩？你们之前承认的逐步停止施救的措施是不是不得当？

答：我无法回答。

记者问：高铁动车为什么有这么大的安全隐患？安全隐患到底出在哪个方面？

答：我不能保证所有高铁动车没有隐患。

记者问：铁道部下午证实18点前会抢通道路，但是截至下午6点道路没有抢通，这是为什么？

答：事故艰难性复杂性想象不足，下午5点已经具备开通条件。后来暴雨，天气恶化，从安全风险考虑，没有立即开通。现在已经具备开通条件。

记者问：我是记者，也是四号车厢的乘客，高铁出了事故，我们作为乘客第一时间找谁？该怎么避免？

答：我向你表示最大的歉意，你死里逃生，我很欣慰。同时我希望大家去医院看看，伤亡人数是确定的。至于行李问题，请大家给我们一点时间，我们尽快处理好行李认领问题。

记者问：我们想知道外籍人士伤亡情况？

答：两个外籍一个是美籍一个是俄罗斯，我不知道外籍人士的受伤情况。对于外籍人士的伤亡赔偿问题和中国人一样。

记者问：中国伤亡人员如何赔偿？

答：现在无法确定。现在首要的是救人抢通线路，给滞留旅客寻找迅速回家的方式，合理合情合法做好赔偿工作。

记者问：雷击是事故发生的主要原因吗？

答：我现在无法回答事故发生的主要原因。

记者问：请温州市卫生部门介绍救治情况？

答：温州市卫生局副局长现在开始介绍救治情况。受伤人数192人，14人死亡，危重12人，126人住院，出院52人。

23时17分发布会结束。

记者仍旧留在现场不走继续追问。铁道部在23时17分宣布发布会结束，对于事故原因、安全隐患等重要问题还是没有进行正面回答。

记者仍在现场追问铁道部负责人，现场发布会非常混乱。发言人无法离开现场，被记者团团围住，却始终不回答任何问题。

记者大呼：铁道部知道安全吗?！现场有记者受伤。

（二）反思与总结

2011年“7·23”甬温线特别重大铁路交通事故的新闻发布会显然不是一次成功的新闻发布会。新闻发布会现场场面比较混乱，参加发布会的媒体朋友情绪也比较激动。新闻发布会上王勇平没有拒绝任何一个问题的回答，而且多次鞠躬表示道歉，既是对死者和伤者，也是对全社会表达铁路方面的深深愧歉，但是仍然引发了公众的强烈抨击。主要原因可能有三点。一是表情不够悲痛，发言人面对媒体保持微笑是一种尊重，也是王勇平的习惯。但这是一次有着重大伤亡的事故发布会，王勇平出现了习惯性的微笑表情，媒体以此认为王勇平漠视逝去的生命。二是语言使用不当，这场新闻发布会后，“这是一个奇迹”“不管你信不信，反正我是信了”等语句在网络空间引发热议。三是对事故情况不是特别了解，以至于出现死亡人数不符合、救援情况不清楚，被媒体抓住把柄。发布会距离事故发生只有26小时，事故原因还在调查，发言人王勇平连事故现场都没来得及去，只能公布一些当时能够掌握到的事故发生概况，以及铁路部门和当地政府及人民群众抢险的情况，更细致、更深入的情况都还不清楚。2011年8月16日，铁道部称，铁道部新闻发言人王勇平被免去宣传部部长一职。

在这个案例中，我们要进行反思和总结，危机中如何准备一场新闻发布会。

1. 事前准备

在“7·23”甬温线特别重大铁路交通事故新闻发布会中，记者首先无法确定发布会的时间、地点，只被通知到达“新闻中心”，没有被明确告知时间与地点，也没有与新闻发言人进行事前沟通，导致新闻发布会现场较为混乱。一般来说在危机新闻发布会之前，新闻发言部门应该提前准备好新闻发布会场地、设备，确定具体的时间并邀请相关媒体。

首先是选择地点。主要是为了确保媒体工作者按时参加新闻发布会，以及有利于确保发布会现场秩序，便于危机新闻的发布。

其次是要邀请媒体。危机新闻发布会所邀请的媒体部门需要代表性强、权威性高且客观性较好，才能保证新闻的内容质量与传播效果。

另外是确定时间。危机新闻发布会要确定发布时间，避免报道冲突，也有利于兼顾新闻工作者的截稿日期与时间。

还有事前沟通。在危机新闻发布会开始之前，发言人需要与部分重点媒体选择性沟通，了解公众与新闻工作者关注的焦点问题以及对于焦点问题的相关态度。

2. 发布过程

1）舆情调研

危机公关需要建立健全危机公关舆情调研的长效机制，锁定公众与媒体的关注重点，也要善于利用外力达到一定的危机公关目标。

2）制定口径

新闻发言人应该在基于事实的基础上，获取上级领导的授权，对新闻发布会的相关信息进行必要包装，制定统一口径，避免前后矛盾等情况，安抚公众情绪，减少社会恐慌。

3）撰写材料

新闻发布会需要撰写事实准确且丰富全面的相关材料，主要包括新闻通稿、事实资料以及媒体资料，服务于媒体部门，达到及时有效传播危机公关信息的目的。

4）模拟演练

危机公关新闻发布会需要在具体的演练实践中不断总结提升。

3. 发布会后期

在危机新闻发布会之后，首先需要收集相关媒体的报道，并进行及时科学地分析；其次是要跟进媒体需求，补充媒体工作者所需要的相关信息；最后是要善于发现发布会中的问题，查缺补漏纠错。

三、课堂习题

1. 在2011年“7·23”甬温线特别重大铁路交通事故中，铁道部新闻发言人王勇平为什么会受到指责？

2. 危机发生后，如何准备和召开一场新闻发布会？

第二节　危机中网络谣言的治理

一、案例描述：2011年江苏等地抢盐事件①

（一）事件发生背景

2011年3月11日14时46分，日本东北部太平洋海域发生里氏9.0级地震，震中位于宫城县首府仙台市外海，震源深度24.4 km，此次地震引发的巨大海啸对日本东北部岩手县、宫城县、福岛县等地造成毁灭性破坏，是日本有观测记录以来规模最大的地震之一。

福岛第一核电站是世界最大的核电站。福岛核电站的第一站，位于福岛工业区，是东京电力公司的第一座核能发电厂，共有6台机组，均为沸水堆。受地震影响，福岛第一核电站1～4号机组全部发生核泄漏。

受日本核污染事态影响的不断扩大，我国民众担心核辐射波及我国，污染我国海域，影响民众安全。

（二）事件发生过程

1. 事件的爆发

1）3月14日，谣言声起，绍兴做梅干菜买盐变抢盐

我国抢盐以浙江绍兴和上海为始发地，宁波紧随其后，紧接着波及全国。在时间及传

① 根据付斌．“抢盐”危机恢复中的传播策略研究［C］//中国盐文化研究中心．中国盐文化（第九辑）．四川省哲学社会科学重点研究基地四川理工学院中国盐文化研究中心，2017：5；风传5日谣盐破灭［J］．商品与质量，2011（20）：36－39．等资料编写。

播方式上，14 日开始出现苗头，方式主要是口口相传或者电话通知。资料显示，抢盐风波的始发地在绍兴，但绍兴人的初衷并不是纯粹因为核辐射去抢盐。据了解，在绍兴本地，3 月正是腌芥菜的时节，绍兴人的特色之一是梅干菜，所以这个时节绍兴人本来就要买很多盐。然而加上一些核辐射的传言，买的盐就更多了些，随着口口相传的误差，买盐便变成了抢盐。

由于地理位置比较近的关系，上海在绍兴之后开始出现抢盐苗头，抢盐风潮初期，口口相传与电话通知成为传播的主要形式，到 3 月 14 日晚上 12 点，微博等网络平台上尚无抢盐相关信息。

2）3 月 15 日，谣言发酵，抢盐消息现网络谣言发酵

检索发现，15 日有 10 条关于抢盐的信息，发布者 1 人来自福建，2 人来自宁波，7 人来自上海。其中上海博友@林小蓉_毛毛在 15 日 13 时 34 分发布的"#东京 ~ 日本 ~ 地震 ~ 海啸 ~ 爆炸#超市里的盐和紫菜都抢疯了，海啸造成的海水污染……" 成为最早描述抢盐的微博。在 15 日当天，抢盐的地域已经从绍兴、上海扩展至宁波、福建等地。

3）3 月 16 日，谣言扩散，抢盐信息遍布网络浙鲁粤告急

从 16 日起，浙江、广东、山东等地居民前往超市、便利店抢购食盐，致使这些地区当天食盐的销售量比平时猛增了十几倍。据广东媒体报道，到 16 日晚上 10 时，广东个别地方食盐价格已经飙升到 10 多元一包，而政府规定的普通食盐零售价为 1. 3 元一包。随后茂名、阳江、湛江、佛山、南海、东莞、清远等地均出现食盐抢购现象。

从 16 日晚上 8 时左右，网络上已检索到山东抢盐信息。"抢盐" 风潮开始由东部沿海地区向全国蔓延。

4）3 月 17 日，谣言乱舞，部分浙系资金涌入市场

到 17 日，抢盐潮从东部沿海开始向内陆和中西部地区蔓延，并席卷了包括北京等国内 31 个省（区、市）。翻阅 17 日当天全国各地报纸发现，"抢盐""出现抢盐" 等字眼成为各大纸媒头版上的字眼。17 日这一天，可以说是抢盐最为疯狂的一天。从东部沿海到中西部地区，再到港澳台，甚至有浙系资金涌入市场，抢购囤积盐。抢盐行为似乎已经开始浸透到金融系统。

地方的抢盐潮引起了中央重视。3 月 17 日下午，国家发改委、工信部等部委紧急发文称，我国食用盐等日用消费品库存充裕，供应完全有保障，各地要打击扰乱市场行为。中国盐业总公司同时启动应急工作机制，加强生产组织和销区市场管理，确保食盐供给。

随后，北京、江苏、浙江、广东、海南、上海等多地紧急部署稳定市场措施，并陆续召开新闻发布会，公布保障食盐供应措施及澄清谣言。

5）3 月 18 日，谣言破灭，网友编段子调侃抢盐行为

随着抢盐事态严重，国家发改委等部门于 17 日下午发出紧急通知，要求各地 "立即开展市场检查，坚决打击造谣惑众、恶意囤积、哄抬价格、扰乱市场等不法行为"。18 日晚，各地的抢盐风波逐渐趋于平静。据商务部监测，截至 3 月 19 日 17 时，除个别省份少

数城市的小杂货店或小超市，因运输配送等方面的原因存在短时缺货现象外，其他地区都已恢复正常运行。

抢盐潮过后，退盐潮又上演，网友通过编段子等方式来调侃抢盐行为，在众多调侃段子的背后，是网友对“抢盐”这一不理性行为的嘲讽和反对。

2. 事件的处置

在应对“抢盐”危机过程中，政府公信力不够高，严重影响了危机传播效果，在谣言未发酵蔓延至全国范围前，迫使民众在暂时性失去“把关人”之后，开始了“自我把关”之旅，导致谣言快速扩散并激发抢购行为。另外，在“抢盐”危机中，政府一度失去了对话语的控制权。究其根本原因，并不是政府丧失了“说话的权利”，而是由于政府自身存在的信任危机、管理体制落后等问题影响了自身对话语的控制权。

抢盐风暴发展到最汹涌时刻，17 日下午，中国盐业总公司成立应急工作领导小组，启动应急工作机制，要求各地盐业公司确保食盐市场安全供应。同时发布权威消息，告知民众，我国的食盐绝大部分是矿盐，供应充足，且不会被污染。18 日，央视在全天多个时段的节目多次播放商务部关于“我国食盐供应完全有保障”的承诺。各地电视台、报纸也立即行动起来，纷纷通过各自城市的盐业公司传递“本市市场的盐有足够储量”的消息。当天，大多数媒体请专家做客解读“碘盐能否预防核辐射、海盐会不会被污染”等话题，希望通过专家讲解，让民众吃颗定心丸。

从抢盐荒到退盐潮，有不少民间辟谣也悄然兴起，网民大规模地站出来辟谣。北京市疾控中心主任邓瑛作为北京卫生系统官员中第一个“吃螃蟹的人”，通过以北京疾控中心主任的名义开设博客，发布《补碘需谨慎，切不可盲从》和《日本核电站事故与个人防护问答》的博文，被网友称为“防辐射实用宝典”，对核泄漏是否影响到中国，从如何减少辐射的措施到服碘片对孕妇的影响等问题，有问必答。

以科普著称的果壳网各板块推出数篇与盐相关的文章，如《如何有效逃离大规模辐射?》《碘酒碘盐海带，全部都是浮云》等。在高密度更新下，果壳依然保持了轻松有趣的科普风格。

（三）事件原因分析

真理还在穿鞋的时候，谣言已经在千里之外了。由于我国当前正处于经济转型时期，市场秩序还不稳定，容易受到一些供求关系之外因素的影响，加之不少国民素质和心理承受度不高，容易发生各种各样的群体恐慌行为。面对此类事件，政府部门通过危机预警机制，提前预判，快速反应、及时出动，最大限度地消除危机的负面影响，这是维护社会稳定的客观需要和必然要求。

此次事件背后，异常活跃的是微博与网络，比如中盐公司一天内发了 50 多条微博。还有诸多意见领袖，在各自的微博阵地不断为澄清谣言做努力。清华大学新闻与传播学院副院长史安斌认为，现在的媒介生态中存在“数字土著”和“数字移民”的差异，宣传主管部门和主流媒体的负责人属于“数字移民”，必须正视自身的不足，俯下身来向年轻一代的“数字土著”请教如何在“微博时代”做好危机传播。

2011 年 3 月 11 日，日本福岛第一核电站泄漏事件发生后，关于我国食盐生产受污染即将涨价或者想通过加碘盐预防核辐射的流言在民间不胫而走，引发大众恐慌。尽管相关部门和媒体一再强调食盐货源充足不会涨价，但收效甚微。从 3 月 16 日起，广东、浙江、江苏、安徽、贵州等地陆续上演抢盐事件，食盐价格被抬高几倍，市场上的食盐迅速脱销。

1947 年，美国社会学家 G. W · 奥尔波特总结出一个决定谣言的公式：谣言 =（事件的）重要性 ×（事件的）模糊性。奥尔波特指出谣言的产生与事件的重要性、模糊性成正比关系，事件越重要并且越模糊，谣言产生的效应也就会越大。在乘法中，零乘以任何数都会得零。所以，当重要性与模糊性的任何一方趋向零时，谣言也就不会产生了。

1. 民众对核泄漏认知匮乏，危机应对素质有待提高

恐慌心理的发生，源于科学知识以及相关信息的缺失。多数民众并不了解核辐射会以怎样的方式传播，对人的身体会产生多大的影响，甚至对日本的核辐射现状知之甚少。

首先，海水核污染有两个条件，一要距离近，二要浓度高。事故地点距我国有上千公里，加上日本海暖流走向为由南向北。此外，中国盐产能达到每年近 8000 万 t，而加碘食盐每年的需求基本占全年产量的十分之一，普通的盐业公司一般也都会有 3 个月的库存量，所以食盐储备十分充足，完全有能力保障供应。不仅如此，中国碘盐在自给自足的情况下，还能出口国外市场。即使国外对中国碘盐的需求量增加，大量食盐出口也不会造成国内市场碘盐供应不足。另外，我国食盐大部分是矿盐，海盐不超过 20% 。因此，充裕的矿盐不会出现供应问题。

2. 受众对当前的社会环境缺乏安全感

不法商家利用日本核电站事故的影响，对海盐的功能过分夸大，制造信息陷阱，提高消费者的心理价格预期，商家在制造价格信息陷阱之后，进一步操纵农产品价格上涨的舆论导向，致使民众出现抢盐潮。这种盲目跟风，分不清黑白的弱点很容易被一些不法商家利用。由于我国当前正处于经济转型时期，市场秩序还不稳定，容易受到一些供求关系之外因素的影响，加之不少群众心理承受度不高，容易发生各种各样的“抢购风”。面对此类事件，民众对社会经济运行的认识不够，辨别信息真假能力差，让不法奸商钻了空子，自然而然就掉进信息陷阱①。

3. 政府危机预警及危机传播能力有待加强

对危机早期状态没有足够重视，对风险和危机的区分不足，在日本核泄漏事件引发国内广泛热议时，准确公开环境监测信息，对负面信息的传播要做到客观和具体。有针对性地向民众进行专业知识的解读和普及，避免因未知而产生恐慌。在事态发展影响扩大之前，及时回应公众切实关切，向公众提供清晰的关于事态发展的预测性意见，客观评估此事件产生的影响，使受众心里有底，不给谣言提供孕育空间。危机前期只有准确把握民众

① 戴凤兰. 剖析从众心理健全应急机制——以抢盐风波为例［J］. 科技信息，2012（3）：310，328.

心理变化，才能针对性地放大消除疑虑和恐慌的正面内容和讯息。

等事件从南到北、从东到西发展成为全国性抢购行为的时候，才作出反应，已经晚了一步。没有做到风起于青萍之末就解决问题，就是滞后。清华大学新闻与传播学院副院长史安斌认为，面对谣言，有关部门没有组织权威的新闻发布会及时回应，主管宣传的部门和主流媒体在传播理念上和传播方式上仍然落后于时代。

政府有关部门及主流媒体面对突发事件应积极应对、正确疏导，要调动一切手段和力量来应对，充分信任广大群众对突发事件及危机的承受力。建立政府发言人制度，定期向社会发布信息，旨在让谣言止于理智，使人心惶惶止于信息公开。同时建立政府应对、处理突发事件的预警机制、运作机构，以提高政府对危机的管理、化解能力，有效应对各种突如其来的局面显得十分必要。当然，若能辅以立法保证，有相应机构的动作和有主流媒体发挥舆论导向功能，及时传播权威信息，这肯定对减缓危机事件引发的震动，对社会稳定甚至最大限度地消除危机的负面影响，皆具有积极的促进作用。

4. 社会信任机制缺失

在抢盐事件发展到高潮的前两天，相关部门和核安全专家发言，说明此次核辐射只不过影响到日本非常有限的海域，而中国的食盐只有20%是海盐，且盐中的碘对人体抗辐射无太大作用。但对于这些专家说法，民众依然半信半疑。

如果公共机构希望民众在类似场合不轻信谣言，必须让个人有所依归，让民众相信公共机构的力量，足以处置和应对这一危机，但现实中政府面对负面事件能瞒就瞒、能拖就拖的惯例行为，失去了民众对其的信任，从而陷入塔西佗陷阱，此次抢盐事件的发生就是社会信任机制缺失的一个表现。

将2011年抢盐事件带入G. W · 奥尔波特的谣言公式中："谣盐" =（福岛核电站泄漏、核污染向我国播散）×（广大民众对核知识的不了解、政府危机应对能力不足、社会信任机制缺失）。在这一事件中，事件的重要性和模糊性两项齐备，且指数很高，所波及的又是我国从南到北的大部分地区，所以流言和群体压力诱发并激化了此次抢购行为。

二、案例应用：如何应对危机网络谣言？

现阶段我国社会正处于转型阶段，社会转型期间，各种矛盾爆发。2011年抢盐事件是一场由日本福岛第一核电站泄漏事件引发、舆论谣言催化引起的社会群体事件。民众抢购食盐的风波已过，在网络日益发达的时代，无论各级政府、大众媒体还是各个社会成员，都应具有预防此类集合行为再次发生的前瞻性①。

（一）政府危机公关应对

1. 建立专门的政府突发事件处理机构

国外一些国家的危机管理体制非常健全，如日本的国家危机管理体制是以法律为依

① 蒙常胜，赵静，张议．抢盐事件应对与政府危机公关探讨［J］．现代商贸工业，2011，23（6）：74.

托：内阁总理大臣为最高指挥官，内阁官房长官负责整体协调和联络，通过安全保障会议、中央防灾会议以及相关省厅负责人紧急协商会议等决策机构制定危机对策，由国土厅、气象厅、防卫厅和消防厅等职能部门负责具体实施。在这一体制下，中央各部门和地方政府分别建有各自的危机管理体系。而我国目前还没有成立专门从事政府公关的机构，大多分散在办公室/厅、宣传、对外联络、新闻发布等职能部门中，即使有些部门设置了公共关系职位，也难以承担统筹规划的任务。特别是在发生危机事件的情况下，很难应对突发事件。所以，成立专门的机关特别重要，以在危机爆发前能准确预警，爆发时能统一指挥和协调，危机结束后总结经验教训。

2. 进一步完善新闻发言人制度

我国新闻发言人制度设置于20世纪80年代，通过发布、传播与公众利益相关的政务信息和重要新闻以实现政府与社会的沟通。突发事件发生后，事态发展异常迅速，政府新闻发言人应当根据事件发展情况随时举行新闻发布会，向公众和媒体公布信息，满足公众知情权，并将公众的情绪反馈给政府，做好公众与政府的良好沟通①。

3. 强化政府工作人员的公关意识

公关意识内容主要是塑造形象的意识、服务公众的意识、协调沟通的意识、立足长远的意识。政府公共关系意识是顺利而有效地开展公共关系工作的思想基础。政府应当在第一时间作出反应，加强与公众的沟通，满足公众知情权，清楚政府解决事件的政策过程和行为方式等，增强突发事件管理透明度，获取社会的广泛支持。现代政府公共关系的发展提出了更高的要求，相关部门应该通过教育和培训的方式来提升公关人员的能力与素质，并在实践中总结与积累经验，提高政府公共关系人员素质，保证政府公关顺利进行。

（二）主流媒体发挥社会责任

1. 主流媒体积极主动发布危机预警信息

危机来临或处于萌芽状态时，对已有的信息进行收集、整理、分析并及时向社会和公众发出警告。比如，辽宁广播电视台等媒体记者，针对一些社会问题深入调查，写成内参，向政府提供各方面的预警信息，为政府提供决策参考，对控制并减少危机事件的发生发挥了重要作用。

2. 主流媒体第一时间传递真实信息保障

公共危机事件发生后，主流媒体必须及时发布真实、准确、客观的消息，引导舆论，满足公众的知情权。如果主流媒体没有声音，各种小道消息就会大行其道，从而造成社会恐慌。在重大公共危机事件发生时，媒体不仅要报道新闻事实，更要积极发挥舆论引导的责任，引导公众理性应对危机。

3. 公共危机事件中媒体舆论监督的责任

监督是新闻媒体的重要功能之一，媒体的监督不但能帮助政府化解危机，还对推动政

① 李成蹊．公共危机事件中主流媒体的社会责任［J］．记者摇篮，2013（10）：15－16.

府总结经验、建立健全危机应对机制起到了积极的作用。在社会重大突发公共事件的舆论监督中，新闻宣传战线监督的重点应围绕食品安全、征地拆迁、环境保护、安全生产、反腐倡廉等热点问题，深入开展舆论监督，进而推动中央决策部署有效贯彻落实，促进政府提高执政能力，改进执政作风，满足群众诉求，解决具体问题。

（三）公民从众心理的引导

1. 加强科普知识，提高国民素质

庞杂的信息铺天盖地、真真假假、鱼龙混杂，网络作为谣言滋生的温床、传播谣言的便捷通道，加重了谣言的可信度。恐惧是人的本能表现，面对公众在信息不对称中表现出的恐慌，应该反思的绝不仅仅是民众自身，政府有责任提高民众应对危机教育，加强全社会的科普知识、提高国民素质、增强民众应对灾难能力、提升公众安全感，以避免类似闹剧发生。民众在反思的同时，媒体也应作出反思。对市场变化，一方面发布权威信息，同时请权威专家普及常识，澄清误解，及时疏导困扰公众的一些不良信息，使公众远离过度敏感情绪；另一方面提高媒体在日常新闻报道中的公开度、透明度和客观度，从平时的点滴积累媒体的权威性和公信力，将提高公众科学素养作为一项长期坚持的工作。这些都是危机之后，我们应当深刻反思的内容①。

2. 消除不稳定因素，恢复公众安全感

当前我国市场经济还不完善，法律法规有诸多漏洞，尚未形成主动监管投机的良性机制，更大的差距在于市场监管的力度远远抵御不了过度的投机，同时人们普遍缺乏安全感，所以普通百姓容易听信谣言。当务之急，一是要立即启动应急机制，加强生产组织和市场管理，确保食盐供给，须知以实际行动打消公众恐慌，效果远胜于“食盐储备充足”的口头表态；二是严惩散布谣言、借机哄抬物价、囤积居奇的不法奸商，迅速稳定市场秩序，消除不稳定因素，恢复公众安全感。一方面，政府要在落实市场价格监管，平抑居民消费价格、降低民众通胀预期，在保证民生产品价格稳定方面下功夫；提高公共服务水平，降低公共服务收费，逐步扩大免费服务范围；完善对弱势群体的救助政策，把物价上涨给民众带来的压力降到最低。另一方面，建立政府发言人制度，定期向社会发布信息，让谣言止于理智，使人心惶惶止于信息公开，同时建立政府应对、处理突发事件的预警机制、运作机构，以提高政府对危机的管理、化解能力，有效应对各种突如其来的局面。当然，若能辅以立法保证，有相应机构的动作和有主流媒体发挥舆论导向功能，及时传播权威信息，这肯定对减缓突发事件引发的震动，对社会稳定甚至最大限度地消除突发灾难事件的负面影响，都具有积极的促进作用。

3. 洞察市场风云，健全应急机制

当前社会的文明和有序化程度日益提高，从经济学角度看，越是有序化的组织越容易受到破坏，潜在的不安定因素并未减少，甚至有所增加，且面对这种威胁的形势越发严

① 戴凤兰．剖析从众心理健全应急机制：以抢盐风波为例［J］．科技信息，2012（3）：310，328.

峻，然而令人忧虑的是我们的应急能力却仍十分脆弱。因此，各级政府必须把强化社会灾害应急管理能力建设纳入总体战略。由于我国当前正处于经济转型时期，市场秩序还不稳定，容易受到一些供求关系之外因素的影响，加之不少群众心理承受度不高，容易发生各种各样的“抢购风”，面对此类事件，必须做到反应快捷、出动及时、处置得当，这是维护社会主义市场经济秩序的客观需要和必然要求。

三、课堂习题

1. 2011 年抢盐事件为什么会出现？
2. 在危机中如何防止谣言的产生？
3. 在危机中如何应对网络谣言？

图书在版编目（CIP）数据

公共危机管理教学案例／范中启总主编；谢起慧主编．--北京：应急管理出版社，2022

高等教育应急管理系列教材

ISBN 978-7-5020-9036-4

Ⅰ.①公… Ⅱ.①范… ②谢… Ⅲ.①公共管理—危机管理—案例—中国 Ⅳ.①D630.8

中国版本图书馆 CIP 数据核字（2021）第 228084 号

公共危机管理教学案例（高等教育应急管理系列教材）

总 主 编 范中启
主　　编 谢起慧
责任编辑 张　成　郭玉娟　王　华
责任校对 张艳蕾
封面设计 罗针盘

出版发行 应急管理出版社（北京市朝阳区芍药居 35 号　100029）
电　　话 010-84657898（总编室）　010-84657880（读者服务部）
网　　址 www.cciph.com.cn
印　　刷 北京地大彩印有限公司
经　　销 全国新华书店

开　　本 787mm×1092mm 1/16　**印张** 9 1/2　**字数** 197 千字
版　　次 2022 年 9 月第 1 版　2022 年 9 月第 1 次印刷
社内编号 20211118　**定价** 38.00 元